MÚSICA   CULTURA POP   ESTILO DE VIDA   COMIDA
CRIATIVIDADE & IMPACTO SOCIAL

MINHA HISTÓRIA, MINHA VERDADE

DO SUBMUNDO DO TRÁFICO
AO ESTRELATO MUNDIAL,
A AUTOBIOGRAFIA DE UM
ÍCONE DO HIP-HOP

Tradução
Petê Rissatti

Este livro foi escrito em parceria com Kris Ex.

Copyright © 2005 by Curtis James Jackson, III, a.k.a. 50 Cent
Todos os direitos reservados
Publicado mediante acordo com a editora original, Pocket Books/ MTV Books, uma
divisão da Simon & Schuster, Inc.
MTV Music Television e todos os títulos, logos e personagens relacionados são marcas
registradas da MTV Networks, uma divisão da Viacom International Inc.

Copyright da tradução para o português © 2022 by Editora Belas Letras
Título original: *From Pieces to Weight – Once Upon a Time in Southside Queens*

Imagem de capa: Matt Crossick / Alamy Stock Photo

*Nenhuma parte desta publicação pode ser reproduzida, armazenada ou transmitida
para fins comerciais sem a permissão do editor. Você não precisa pedir nenhuma
autorização, no entanto, para compartilhar pequenos trechos ou reproduções das
páginas nas suas redes sociais, para divulgar a capa, nem para contar para seus amigos
como este livro é incrível (e como somos modestos).*

Este livro é o resultado de um trabalho feito com muito amor, diversão e gente finice
pelas seguintes pessoas:
Gustavo Guertler (*publisher***), Petê Rissatti (tradução), Tatiana Vieira Allegro (edição),
Cristina Yamagami (preparação), Lorrane Fortunato (revisão), Celso Orlandin Jr.
(capa e projeto gráfico) e Juliana Rech (diagramação).**
Obrigado, amigos.

2022
Todos os direitos desta edição reservados à
Editora Belas Letras Ltda.
Rua Antônio Corsetti, 221 – Bairro Cinquentenário
CEP 95012-080 – Caxias do Sul – RS
www.belasletras.com.br

Dados Internacionais de Catalogação na Fonte (CIP)
Biblioteca Pública Municipal Dr. Demetrio Niederauer
Caxias do Sul, RS

F469m   50 Cent, 1975-
              Minha história, minha verdade : do submundo do
           tráfico ao estrelato mundial, a autobiografia de um
           ícone do hip-hop / 50 Cent ; tradutor: Petê Rissatti.
           - Caxias do Sul, RS : Belas Letras, 2022.
              256 p.

              ISBN: 978-65-5537-182-6
              ISBN: 978-65-5537-178-9

              1. 50 Cent, 1975-. 2. Hip-hop (Cultura popular).
           3. Rap (Música). 4. Autobiografia. I. Rissatti, Petê.
           II. Título.

21/132   CDU 784.4

Catalogação elaborada por Vanessa Pinent, CRB-10/1297

DEDICO ESTE LIVRO A TODOS QUE
CONTRIBUÍRAM TANTO PARA O
MEU SUCESSO QUANTO PARA AS
MINHAS DIFICULDADES, POIS ESSAS
EXPERIÊNCIAS ME LEVARAM A
ENRIQUECER OU A MORRER TENTANDO.

SUMÁRIO

PRÓLOGO
"FIQUE RICO OU MORRA TENTANDO." **10**

CAPÍTULO 1
"O CRACK NÃO EXISTIA…" **16**

CAPÍTULO 2
"SEMPRE HOUVE MUITO DRAMA…" **28**

CAPÍTULO 3
"QUE PARTE DO JOGO É ESSA?" **36**

CAPÍTULO 4
"VOCÊ TEM QUE JOGAR PELO AMANHÃ,
MESMO QUE O AMANHÃ NUNCA CHEGUE…" **46**

CAPÍTULO 5
"NÃO PRECISO IR À IGREJA PARA
FALAR COM DEUS OU LER A BÍBLIA…" **52**

CAPÍTULO 6
"NÃO ERA O JOGO DAS DROGAS –
ERA O NEGÓCIO DAS DROGAS…" **56**

CAPÍTULO 7
"MINHA HABILIDADE DE
CONTROLAR A RAIVA DURANTE UM
CONFRONTO ERA MINHA VANTAGEM…" **68**

CAPÍTULO 8
"FOI O MAIOR DESGRAÇADO QUE O
JOGO DAS DROGAS JÁ CRIOU…" **74**

CAPÍTULO 9
"CONTINUEI APERTANDO O GATILHO ATÉ
QUEBRAR O PINO DE DISPARO…" **....... 88**

CAPÍTULO 10
"MEU CORAÇÃO PAROU. PARECIA QUE
EU ESTAVA VENDO UM FANTASMA…" **....... 94**

CAPÍTULO 11
"ESSA MERDA PODE TE LEVAR PRA CADEIA…" **....... 100**

CAPÍTULO 12
"ESTA AQUI É SUA ÚLTIMA CHANCE.
PRÓXIMA PARADA, ATRÁS DAS GRADES…" **....... 108**

CAPÍTULO 13
"ESTOU FELIZ POR ELES ESTAREM DO NOSSO LADO…" **....... 124**

CAPÍTULO 14
"QUANDO CHOVE, É SEMPRE UM DILÚVIO…" **....... 138**

CAPÍTULO 15
"VOCÊ PODE ME MANDAR PARA A CADEIA,
MAS NÃO VAI ME FAZER CORRER NA ÁGUA FRIA…" **....... 146**

CAPÍTULO 16
"FOI QUANDO COMECEI A PENSAR GRANDE.
REALMENTE GRANDE…" **....... 156**

CAPÍTULO 17
"ELA SERIA A MÃE DO MEU PRIMEIRO FILHO…" **....... 182**

CAPÍTULO 18
"EU ESTAVA PRESTES A ME TORNAR UM ASTRO DO RAP…" **....... 188**

CAPÍTULO 19
"ÀS VEZES O JOGO DO RAP
ME LEMBRA O JOGO DO CRACK…" **....... 198**

CAPÍTULO 20
"AGORA ESTÁ SE TORNANDO PESSOAL. NÃO VAI
SER FÁCIL ACABAR COM ESSA TRETA…" **....... 204**

CAPÍTULO 21
"O ATIRADOR ESTAVA NA MINHA FRENTE,
ESVAZIANDO O PENTE…" **....... 212**

CAPÍTULO 22
"TIVE QUE IR PARA A ACADEMIA SÓ PARA
COLOCAR MINHAS PERNAS DE VOLTA NO LUGAR…" **....... 214**

CAPÍTULO 23
"O ÚNICO MODELO DE NEGÓCIO QUE EU
CONHECIA ERA O TRÁFICO DE DROGAS, ENTÃO
FOI ASSIM QUE COMERCIALIZEI MEU PRODUTO…" **....... 220**

CAPÍTULO 24
"NÃO POSSO USAR MEU COLETE?
BEM, ENTÃO NÃO POSSO IR À REUNIÃO…" **....... 230**

CAPÍTULO 25
"VAI SER UMA LOUCURA QUANDO VOCÊ
FOR LANÇADO. VAI FICAR TODO MUNDO
EM CIMA DE VOCÊ DESSA VEZ…" **....... 234**

CAPÍTULO 26
"SE HÁ UMA COISA QUE NÃO É LEGAL
SER NAS RUAS É UM X-9…" **....... 238**

CAPÍTULO 27
"TODA VEZ QUE EU SAÍA NO JORNAL, ERA POR
CAUSA DE ALGUMA MERDA QUE NÃO TINHA
NADA A VER COM A MINHA MÚSICA…" **....... 242**

EPÍLOGO 246

AGRADECIMENTOS 254

PRÓLOGO
"FIQUE RICO OU MORRA TENTANDO."

Quando digo a frase ao lado, todos se concentram nos aspectos negativos: morte, desespero, depressão. Mas sabe de uma coisa? Todo mundo – desde o cara que bate o ponto todos os dias até a criança vendendo bagulho na esquina – está tentando ficar rico antes de morrer. O cara que bate o ponto provavelmente faz supletivo, faz bico ou está tentando realizar algum sonho. Por quê? Para ficar rico. O moleque que pega um saco de drogas para vender pensa da mesma forma. Ele está nas ruas com o espírito empreendedor, no corre, tentando ficar rico. Esse moleque simplesmente não quer trabalhar para ninguém – quer trabalhar para si mesmo. É que nesse ponto da vida ele está na direção errada. Como todos os outros, ele tenta enriquecer, assim como aquele cara que bate o ponto, o velho que dirige um táxi, o garoto que vai para a faculdade, a garota que serve mesas no restaurante. Tudo culmina na questão de ficar rico – ou tentar ficar. Isso não é novidade nenhuma. Você pode encontrar praticamente os mesmos sentimentos em vários tipos de filosofia – códigos de samurai, essas merdas. Se Confúcio diz, é sabedoria. Mas, quando o 50 Cent diz, está sendo negativo.

De qualquer forma, é a verdade. Eu não vejo a morte necessariamente como algo negativo. A morte dá sentido à vida. Viver com medo da morte é viver em negação. Na verdade, não é realmente viver, porque não há vida sem a morte. São os dois lados da moeda. Você não pode simplesmente escolher um lado e dizer: "Eu vou tirar apenas cara". Não. Não é assim que funciona. Você *tem* que escolher os dois lados porque, neste mundo, a única certeza é a morte. Assim que uma vida é criada, desde o primeiro momento no útero, é certo que ela vai acabar. Quer seja abortado, natimorto ou a mãe tenha um aborto espontâneo – a morte chegará para essa vida. Essa é a única garantia. Não importa se ela vai curar todas as doenças existentes ou se causará o fim do mundo, essa vida vai acabar. Você pode ter certeza disso.

A morte vai suceder a vida, assim como a noite sucede o dia. É assim que funciona.

A morte, para mim, não é algo contra o qual temos que lutar; ela faz valer a pena seu tempo aqui. É o que torna a vida preciosa. A morte nos dá um propósito. Garante que todas as situações que surgem na vida tenham um motivo. É como se você tivesse um lugar para ir e coisas para fazer antes de morrer, e a vida está sempre tentando empurrá-lo para esse objetivo. São as coisas pelas quais passamos que nos tornam quem somos. É por isso que eu não trocaria minha vida por nada neste mundo – sei que tenho um propósito. Os momentos difíceis só pareciam difíceis quando eu estava passando por eles. Agora, são apenas memórias. Além disso, se eu não passasse por momentos difíceis, provavelmente não seria capaz de aproveitar os bons momentos.

Este livro é sobre isto: os bons e os maus momentos. Eu o escrevi para explicar sobre o mundo de onde venho. Sinto que devo contar minha história enquanto posso. Tenho apenas 29 anos. Para muitas pessoas posso ser jovem demais para refletir sobre a vida. E talvez elas estejam certas. Contudo, eu estaria desperdiçando minha sorte e minhas oportunidades se não usasse a atenção que estou recebendo agora para colocar um holofote sobre as experiências que me levaram a pensar da maneira que penso, dizer as coisas que digo e fazer o tipo de música que faço. Quero explicar meu mundo para aqueles que só chegam perto dele pelas músicas que compram ou pelas imagens que veem na televisão. Estou olhando para o meu passado com tudo o que meus 29 anos me ensinaram e dizendo a verdade como a vejo, enquanto faço jus aos cenários de onde vim. Não posso compartilhar certas informações, então mudei muitos nomes, lugares e detalhes. Quando voltei ao mundo da música em 2000, minha missão era dizer a verdade. Agora que realizei meus sonhos mais loucos de fama e estrelato, essa missão não mudou.

As pessoas querem a verdade; mesmo que não saibam lidar com ela, é o que querem. Talvez, para se distanciarem da situação, elas a vejam como uma história ou música, mas mesmo assim a querem. É por isso que as pessoas assistem ao noticiário todas as noites. Nunca há nada de bom nos noticiários. Eles vão mostrar uma rápida "boa notícia" perto do fim, algo sobre o resgate de um gato em cima de uma árvore. Mas, antes de ouvir sobre aquele gato, você vai saber que alguém foi baleado e morto, que um terremoto matou algumas centenas de pessoas e que qualquer guerra que esteja acontecendo ainda está acontecendo e com força. E você continua assistindo. Por quê? Porque você quer a verdade. Você vai reclamar, mas vai assistir. Todas as noites. Os noticiários sempre atraem grandes audiências.

Então, eu mesmo divulgo minhas novidades, porque ninguém mais vai fazer isso por mim. Eu conto que sobrevivi a nove tiros não para vender discos, mas porque é a verdade. Mas isso se transformou em uma estratégia de marketing. Sempre que me sento para dar uma entrevista, ouço a pergunta: "Bem, 50 Cent, como foi ser baleado nove vezes?" Sinceramente, não foi bom – pelo menos não na hora. Agora é só uma lembrança, mas, quando aconteceu, doeu. Pra cacete. Quero dizer que *doeu*, doeu pra cacete mesmo. Se você puder escolher, marque a alternativa que diz "não". Talvez não pareça tão ruim porque vem embalado com as frases que você encontra em todas as histórias sobre mim – "o rapper que levou nove tiros", – porém isso não tem o peso, a dor ou a esperança da minha experiência. Simplesmente não dá para ter.

Não foi para vender discos que eu mostrei minhas cicatrizes na televisão. Não foi pra vender discos que deixei jornalistas sentirem o buraco na minha gengiva. Compartilho minha realidade porque se trata de situações reais que acontecem no lugar de onde eu venho. E há milhares de pessoas que nunca terão a oportunidade de ir à TV para contar o que acontece em lugares onde os tiros encerram as discussões. Quando você olhar como meu corpo se curou sozinho, quero que veja os corpos daqueles que nunca se curaram, daqueles que não chegaram ao pronto-socorro a tempo, daqueles que nunca se recuperaram. É para isso que sou o garoto-propaganda. E é isso que gosto de ser.

Agora que estou em um mundo totalmente novo, quando apareço, as pessoas ficam com medo, porque sentem que algo ruim vai acontecer. Todo artigo que você lê sobre mim fala sobre as possibilidades de eu ser morto ou de matar alguém. As pessoas ficam inquietas quando estou por perto. Mas me sinto tão desconfortável perto das pessoas quanto elas se sentem perto de mim. Não sei se foram enviadas para escrever, fotografar ou se são agentes federais. O fato é que, quando brancos aparecem no meu bairro, geralmente estão lá para nos levar para a prisão. Definitivamente não tenho nada contra brancos, mas nesse ambiente, quando os vemos, a primeira coisa que pensamos é: "São da polícia?" Quando percebemos que não são da polícia, eles ficam de boa com a gente. E provavelmente, em seus ambientes, eles nos veem, olham e pensam: "Será que eles estão tramando algo?" E, quando descobrem que não estamos tramando nada, ficamos de boa com eles. É a mesma merda. Ser racista e ser realista são duas coisas diferentes.

Às vezes, só consigo entender as coisas quando as coloco em uma conotação negativa ou de rua. Se eu puder fazer uma analogia de uma situação com o que seria na rua, consigo entendê-la facilmente. Aos poucos, vou virando algo diferente. Estou indo a lugares diferentes, vendo coisas diferentes, entrando em círculos diferentes – estou me tornando uma pessoa mais aberta. Minha visão de mundo está mudando, mas não totalmente. A mudança leva tempo. Faz poucos anos que saí do meu bairro, então essas experiências ainda superam as novas. Tenho muito mais lembranças de tentar ficar rico do que de ser rico. Não posso esquecer o que me fez ser quem eu sou. Essa é a minha luta, e acho que é a luta de todos também. Temos que aprender com as lições que a vida nos dá e colocá-las em prática enquanto temos tempo, porque ninguém sabe como será o amanhã.

Na minha cabeça e no meu coração, eu sei que, quando chegar a minha hora de partir, eu vou. Posso morrer amanhã, mas isso só me faz trabalhar mais hoje. De vários modos, eu já ganhei. Já superei as expectativas que as pessoas tinham em relação a mim. Desafiei as probabilidades. Eu não deveria ter vencido, eu venho de baixo. Mas superei os obstáculos que estavam na minha frente. E, por um momento, pude sentir como é ter o mundo concentrado em mim… por ser um vencedor. Ninguém consegue tirar isso de mim. Assim como não conseguem tirar o que veio antes. Agora tem gente que realmente gostaria de ser eu. Porém, se elas tivessem que passar pelas situações que enfrentei antes de me tornar um astro do rap, não acho que ainda desejariam ser eu.

As pessoas já têm um conceito prévio de mim. Quando as encontro, elas pensam: "Esse cara é louco". Você precisa olhar para essa situação e compreender que é assim que eles pensam na quebrada. Essa é a minha mentalidade, e essas são as coisas que acontecem. É por isso que faço as rimas que faço. Foi o que aconteceu quando eu estava tentando ficar rico, até que eu morri em Southside Queens.

CAPÍTULO 1
"O CRACK NÃO EXISTIA..."

Eu me lembro de quando o crack não existia. Claro, havia outras maneiras de ficar chapado. Todo mundo usava o velho substituto: beck, erva, ganja, diamba, baseado, fumo – não importa como a chamavam naquela época, nem como a chamam agora, ou mesmo como vão chamá-la no futuro; estou falando da maconha. Era uma fuga, férias portáteis.

Havia a heroína, que vinha da morfina, que vinha do ópio. O ópio já existia antes de Jesus. Era um sucesso na Ásia, na Europa e no Oriente Médio – eles o usavam como remédio. Já a morfina não é tão antiga assim. Foi desenvolvida como analgésico no início do século 19 por um médico alemão que a batizou em homenagem a Morfeu, o deus grego dos sonhos. Nos filmes da Guerra do Vietnã, quando um soldado leva um tiro, ele sente muita dor – respira com dificuldade, pede ao cara que está segurando a sua mão para enviar para a mãe, a namorada ou quem quer que seja sua última carta ou qualquer artesanato de madeira que ele estivesse fazendo. O cara segurando a mão do soldado baleado vai gritar: "Doutor! Precisamos de mais morfina!" Em seguida, o médico corre e injeta uma dose do negócio no soldado. (Me lembro de um filme em que o comandante deu um tiro de misericórdia no cara porque eles precisavam economizar morfina, mas isso não vem ao caso.) Depois que o cara recebe a morfina, é isso. Nada de dor. Ele vai em paz, direto para os braços de Morfeu. Acho que a heroína realmente aumentou o fator "deus dos sonhos", porque sempre a vejo deixar as pessoas adormecidas, como zumbis ambulantes.

A cocaína também existe há muito tempo, mas nem sempre foi tratada como é atualmente. Em 1863, os italianos usavam cocaína para fazer um vinho que até o papa amava tanto que elogiava a capacidade da bebida de "despertar a divindade da alma" – ou algo assim. Vinte anos depois, Sigmund Freud, o pai da psicologia moderna, chamou a coca de "mágica" e nunca se fartava dela – ele nem se limitou ao vinho. Ia direto na branca – cheirava, injetava, tatuava na pele. Na época, a cocaína era uma droga milagrosa, um estimulante e analgésico que curava tudo, da impotência à masturbação, e também era usada como anestésico cirúrgico. (Havia até anúncios de pastilhas de cocaína estrelados por crianças, em que o produto era vendido por 50 centavos: "Uma cura instantânea!") Um cara começou a fazer vinho em Atlanta, mas então veio a Lei Seca; ele tirou o álcool e rebatizou a bebida de Coca-Cola. Em algum lugar ao longo do tempo, por volta do início do século 20, a cocaína foi considerada ilegal e virou um problema sério. Mas ainda dava para conseguir se você conhecesse as pessoas certas.

Todas essas coisas e muito mais estavam em evidência quando meus avós, Curtis e Beulah Jackson, se mudaram de Ackerson, na Carolina do Sul, para South Jamaica, no Queens, distrito de Nova York. Contudo, o crack ainda não existia – ele veio depois.

Naquela época, o Queens, que é grande o suficiente para ser a quinta maior cidade dos Estados Unidos, era um paraíso para negros relativamente bem-sucedidos. O Harlem, a meca negra original da cidade de Nova York, estava se deteriorando sob a pressão de todos os negros que vinham do Sul em busca de oportunidades na cidade grande. Os antigos escravizados decidiram migrar de seu cantinho em Nova York, passando pela parte baixa de Manhattan (que, mesmo naquela época, era muito cara para a maioria das pessoas), e se estabeleceram do outro lado do rio, embaixo das árvores que cresciam no Brooklyn. Mas então o próprio Brooklyn ficou muito próximo da insana correria do centro da cidade. Foi assim que o Queens emergiu como o lar de alguns negros bastante notáveis. Na primeira parte do século 20, havia Lewis Latimer, um inventor que expandiu a lâmpada criada por seu antigo mentor, Thomas Edison, ao criar e patentear o filamento de carbono. Mais tarde, na década de 1950, o Queens foi o lar de lendas do jazz como John Birks "Dizzy" Gillespie, Louis Armstrong, Ella Fitzgerald, William "Count" Basie e o gigante do beisebol Jackie Robinson. O Queens fica a poucos quilômetros do Brooklyn (também conhecido como Kings County), e as únicas coisas que separam os dois lugares são as linhas feitas pelo homem em um mapa. Contudo, o Queens foi construído de maneira muito diferente do Brooklyn. Por ficar mais para o interior, foi povoado e planejado de uma forma mais natural, mais suburbana que o Brooklyn e Manhattan – que foram planejados com quarteirões em linhas retas. A paisagem do Queens era semelhante a de um vilarejo; as pontes baixas e a falta de transporte público fizeram dele uma grande válvula de escape para aqueles que queriam ter acesso fácil à cidade grande sem os perigos de uma residência em tempo integral no centro da Maçã Podre.

Meus avós tiveram nove filhos: Curtis Jr., Geraldine, Cynthia, Jennifer, Harold, Johnny, Karen e Sabrina – minha mãe. Na época em que minha mãe nasceu, nos anos 1960, o Queens começou a se degradar. Não era mais a escapada fácil da miséria urbana. Em 1964, o bairro passou a ser o foco do país, não só por sediar a Feira Mundial e a inauguração do Estádio Shea, mas pelo que aconteceu com Catherine "Kitty" Genovese. Ela foi assassinada. A três quilômetros e meio da casa dos meus avós, ela foi esfaqueada 17 vezes com uma faca de caça ao longo de meia hora, enquanto 38 pessoas assistiam de suas casas. Depois disso, a cidade criou o sistema de emergência "911", e cada vez mais brancos passaram a se mudar para os condados de Nassau e Suffolk em Long Island – por causa da chegada de todos os negros. E esse é o Queens que eu conheço. O resto eu lembro da escola ou por ter lido em revistas – quando as pessoas escrevem sobre o lugar onde cresci.

De acordo com a versão de minha mãe, quando ela tinha 15 anos, no dia 6 de julho de 1975, para ser exato, o impossível aconteceu e ela me deu à luz por concepção imaculada, assim como Maria fez com Jesus. Ela me batizou de Curtis James Jackson III, em homenagem a seu pai, mas me chamava de Boo-Boo (o único e verdadeiro Curtis Jackson foi e ainda é meu avô; até Curtis Jr., meu tio, teve que aguentar ser chamado de Star). Sempre que eu perguntava à minha mãe sobre meu pai, ela dizia: "Você não tem pai. Eu sou sua mamãe *e* seu papai".

Mesmo que não soubesse o que isso significava, no fundo eu sabia. Se você fosse uma criança do meu bairro, seria estranho se tivesse pai e mãe por perto. Ou você tem apenas um dos pais ou os avós. Tive uma mãe e dois avós. Até onde eu sabia, isso já era vantagem. E, quando chegasse a hora de dar tudo de si – fosse dar amor, dinheiro ou autoridade –, minha mãe daria. Essa era a única coisa que importava para mim.

Eu me lembro de ver minha mãe saindo mais com mulheres do que com homens. Ela tinha uma amiga chamada Tammy, que sempre estava por perto. Uma vez eu perguntei para minha avó: "Por que a mamãe está sempre andando com a Tammy?" Minha avó respondeu: "Você precisa perguntar isso pra sua mãe". Aí deixei o assunto de lado. Eu era jovem, mas não era burro. Aprendi desde cedo que, quando se tratava de minha mãe, havia coisas sobre as quais se falava e coisas sobre as quais não se falava.

Minha mãe era, em uma palavra, *difícil*. Era muito agressiva. Como disciplinadora, foi severa. Como motivadora, foi ainda mais dura. Me incentivava a fazer coisas que eu sabia que não poderia fazer se ela não estivesse comigo. Uma vez, quando eu tinha cerca de cinco anos, entrei correndo na casa da minha avó, chorando, porque tinha brigado com algumas crianças da rua.

Estávamos jogando bolinhas de gude quando um garoto errou uma jogada muito fácil e eu ri dele. Ele devia ter tido um dia ruim porque ficou muito chateado e quis brigar. Como ele era muito maior do que eu, todas as outras crianças ficaram do lado dele para me bater. Eu estava, tipo, "Vocês não podem estar falando sério". Esse garoto já tinha mais que o tamanho comum para crianças de cinco anos. Era tão grande que, apenas por uma questão de princípios, deveria ter oito ou nove anos. Se estivéssemos em uma liga de boxe, ele estaria pelo menos três categorias de peso acima de mim. Não precisava de ajuda nenhuma ali. Então, eu fiz a única coisa que podia: levei minha surra e fui para casa chorar.

Quando cheguei em casa, minha mãe ficou puta da vida. Ela perguntou: "Por que você está chorando, caramba?"

Eu expliquei para ela. "Tinha um menino... Ele é do tamanho de um armário, talvez dois. Ele me deu uma surra e ainda não tinha terminado de me bater quando fugi. Então, se a senhora não se importar, vou passar o resto dos meus cinco anos em casa."

Minha mãe perguntou onde ele estava. Eu respondi: "Ele ainda está lá fora, provavelmente bloqueando o sol. A senhora não pode ir brigar com ele, mãe". Ela me olhou como se eu tivesse deixado meu bom senso na rua. Não sei se ficou chocada por eu ter pensado que ela brigaria por mim ou apenas decepcionada comigo por ter fugido. Ela ordenou: "Volte lá e brigue com ele de novo. Se você levar outra surra, vai aguentar sem chorar".

Eu podia jurar que havia algo errado com meus ouvidos. Ou talvez com os dela. Respondi: "Mãe, o garoto é grande. Tipo, *grande* mesmo".

"Não estou nem aí se ele é maior do que você", ela disse. "Pegue alguma coisa e bata nele se for preciso. Mas não vai voltar aqui chorando."

Não foi realmente uma decisão difícil. O pior que aquele garoto poderia fazer era me matar. Mas o que me dava mais medo naquele momento era minha mãe. Voltei lá, peguei uma pedra que eu mal conseguia segurar na mão e bati na porra daquele garoto com ela. Foi a primeira vez que bati em alguém com força suficiente para fazê-lo cair. Ele estava em posição fetal no chão, sangrando e dizendo que ia contar para a mãe dele. Mas eu não liguei. Tudo o que a mãe dele poderia fazer era falar com a minha mãe, e eu tinha um forte pressentimento de que qualquer confronto entre nossas mães acabaria muito parecido com o que aconteceu entre mim e ele. "E daí?", eu gritei. "Vá contar para sua mãe. Ela também pode tomar uma pedrada!"

Todas as crianças começaram a incitar a briga. "Ooooh! Ele falou da sua mãe!" Mandei todo mundo calar a boca, senão eles iam levar uma pedrada também. Eles calaram a boca. E aquele garoto não apareceu com a mãe dele. Na verdade, ele nunca mais me incomodou.

Era assim quando eu estava com minha mãe. Eu sentia que podia fazer qualquer coisa, contanto que tivesse o consentimento dela. Mas ela passava muito pouco tempo por perto. Havia se mudado da casa dos meus avós quando eu era um bebê e me deixou com eles. Mesmo assim, toda vez que eu a via, ela me dava alguma coisa. Cada visita era como o Natal. Se não houvesse um brinquedo, uma roupa ou uma joia, havia dinheiro vivo e frio. Quando eu tinha seis anos, ela me deu uma motocross infantil. Era obviamente de segunda mão, mas estava limpa e veio com um capacete novinho em folha. Naquela época, comecei a perceber que minha mãe estava vendendo drogas e entendi que ela provavelmente tinha pegado de alguém que não tinha dinheiro para pagar pelo que queria. Eu não ligava. Na verdade, isso fazia a motocross parecer mais do que realmente era, porque eu sabia que ela pensava em mim enquanto trabalhava. E, porra, era algo novo para mim. Aos meus olhos, eu tinha uma *bike nova*. Na verdade, eu tinha uma *motocicleta*. Eu ficava, tipo: "Quê? Quer dizer que não preciso perder tempo pedalando para ir para os lugares? É isso aí!" Tudo o que eu precisava era de 25 ou 50 centavos para pôr um pouco de gasolina e podia andar o dia todo. Minha mãe tinha uma moto de adultos de verdade e ela até me deixava andar ao lado dela na rua. Enquanto a maioria das mães diria: "Não, você não pode fazer isso porque vai se machucar", ela disse: "Não se apavore. Você consegue. A pior coisa que pode acontecer é você se machucar, e nada que doa pode durar muito". Sempre que ela aparecia, dávamos uma volta pela rua.

Como a motocross era pequena o suficiente para passar pela porta da frente da casa da minha avó, eu a levava para dentro e passava um tempão limpando-a, polindo os raios e tudo o mais, até que chegasse a hora de andar nela de novo. Limpei muito aquela motocross porque havia muitos dias em que não tinha dinheiro para gasolina e, às vezes, quando tinha dinheiro, não conseguia encontrar quem me levasse até o posto de gasolina. Uns oito tios e tias moravam na casa, mas a maioria deles ainda era adolescente e não me via como se eu fosse responsabilidade deles.

Com tantas crianças em casa, os recursos que a maioria delas considera naturais eram escassos. Parecia haver o suficiente de tudo para todos, mas nunca parecia haver o suficiente de coisas *boas* para serem divididas. Havia comida o suficiente, mas não a comida divertida que era exibida na TV – a comida que tornava o mundo um bom lugar para se viver, a comida que fazia de você um nada se não pudesse tê-la. Havia roupas o suficiente para todos, mas não roupas que não tivessem sido usadas antes por outra pessoa, não roupas que não tivessem sido lavadas até esgarçarem, não roupas com aquelas etiquetas e estampas que impediam que as outras crianças rissem de você. Havia sacos plásticos e baldes o suficiente para todos, mas não sacos plásticos o suficiente para evitar o frio do inverno quando ele invadia a casa, ou baldes o suficiente para colher as lágrimas da casa quando ela chorava porque a chuva tinha sido forte demais para ela aguentar.

Mas sempre havia alguém por perto, e isso significava que sempre havia algum negócio que não era da minha conta que eu podia xeretar. Eu era um garoto intrometido e, como recompensa por minha curiosidade, era rapidamente enxotado das proximidades de qualquer coisa que valesse a pena ser espionada. "Fique longe dos assuntos dos adultos. Vá para cima." Eu sempre fui o preto lá de cima. Comecei a conhecer "lá em cima" muito bem – eu e meus soldadinhos verdes. Costumava falar com eles como se fossem pessoas reais: "Eles sempre me mandam subir", eu dizia. E meus soldados respondiam: "Isso é porque eles são idiotas. Eles não são inteligentes como nós. Podemos nos divertir mais sem eles". "Sabe de uma coisa? Acho que vocês têm razão." Quando comecei a ir para a escola sozinho, não estava sozinho. Eu estava com meus soldados. Tinha um cachorro grande que me dava medo porque, toda vez que eu passava por ele, o cachorro vinha até o portão latindo como se quisesse me comer. Eu só precisava conversar com meus soldados: "Não tenham medo desse cachorro. Ele não vai fazer nada. Vou acabar com aquele cachorro se ele sair por aquele portão". Foi assim que me convenci a não ter medo do bicho. Eu costumava andar por aí com um dos meus soldados e dizer a ele para não ter medo das coisas, e então comecei a agir da forma que eu dizia a ele: "Olha, eu não tenho medo do cachorro. Eu vou te mostrar". Então, eu chutava o portão e corria. "Viu? Eu disse que não estava com medo."

Às vezes, minhas tias davam festas no quintal, cobrando um dólar dos amigos que viessem festejar. Aquilo não fazia sentido para mim, porque elas recebiam pessoas no quintal em outras ocasiões e nunca cobravam nada de ninguém. Mas bastava tocar um pouco de música e servir alguma comida que as mesmas pessoas que comiam em casa de graça em qualquer outro dia da semana começavam a pagar para passar pelo portão. Essas festas foram minhas primeiras experiências de marketing. Também foram a primeira vez que pude ver como o hip-hop afetava as pessoas. Muitas vezes, eles tocavam velhos *grooves* de soul, e todo mundo ficava de boa. Mas, quando começava o hip-hop, aí é que a festa bombava. Os caras começavam a fazer rap com a música e as garotas começavam a dançar. Sempre havia alguns caras que realmente curtiam o momento, começavam a dançar *locking* e *break dance*. Eu apenas observava da janela do andar de cima e me perguntava quando teria idade suficiente para dar minhas próprias festas. Achava que seria capaz de ficar com todo o dinheiro para mim e ganhar ainda mais dinheiro que minhas tias, porque elas tinham que dividir em quatro partes.

Quando eu tinha uns sete anos, minha mãe apareceu e me levou para passar o dia com ela enquanto cuidava dos negócios. Tinha um apartamento em cima de uma loja na Old South Road, do outro lado do Baisley Pond Park. Foi a primeira vez que a vi traficando drogas. Eu já tinha percebido pelas coisas que ela comprava para mim, mas nunca a tinha visto realmente trabalhando. Todas as pessoas que chegavam perto dela eram clientes ou traficantes. Não demorei muito para entender quem era quem. Os traficantes eram em sua maioria homens mais velhos que dirigiam carros bonitos e grandes, como Cadillac DeVilles e Fleetwood Broughams – com grandes grades retangulares atrás dos para-lamas de metal reluzentes, com pneus de faixa branca limpíssimos – ou Pontiac Bonnevilles – com interiores exuberantes de veludo que faziam os motoristas parecerem como se estivessem dirigindo dentro de uma almofada. Os traficantes estavam sempre na estica, desde seus colarinhos engomados até suas calças recém-passadas. Eles estacionavam, saltavam de seus carros lustrosos, com suas roupas reluzentes, suas joias brilhantes e seus cabelos perfeitamente esculpidos. Os clientes eram os caras que vinham até eles, geralmente a pé.

Fiquei surpreso ao ver como minha mãe conversava com os caras dos carros grandes. Eles a tratavam como se ela fosse um deles. Nunca tinha visto nada como aquilo. Quando eles a viam, a cumprimentavam e falavam em algum código que eu não conseguia decifrar. Em seguida, lhe entregavam um saco de papel e ela lhes entregava uma pilha gorda de dinheiro. Quando eu voltava para a casa da minha avó, contava aos meus tios o que eu tinha visto. Eles apenas riam e me diziam que os caras da South Road estavam *se dando bem*. "Tem um povo se dando bem por aqui", eles diziam. "Mas não como na South Road. Eles estão se dando muito bem por lá."

Tio Harold me disse que um homem chamado Big Tony, que morava não muito longe de casa, estava se dando bem. Ele disse que Big Tony estava se dando tão bem que as pessoas haviam parado de chamá-lo de Big Tony e agora quase todo mundo o chamava de Padrinho. Não dava pra acreditar. O que eu tinha visto na South Road era muito diferente de tudo o que eu tinha visto do nosso lado do parque. Mas, quando tio Harold me disse que o Padrinho era o cara que dirigia um enorme Lincoln Continental verde e comprava sorvete para todo mundo quando o carro de sorvete passava, eu sabia de quem ele estava falando. Harold deve ter percebido que fiquei impressionado, porque ele disse: "Não se preocupe, quando eu estiver *me dando bem*, pode deixar que vou cuidar do meu sobrinho".

Eu ainda não entendia direito o que era *se dar bem*, mas eu queria *me dar bem* mais do que queria dar festas no quintal ou brincar com meus soldados. E, quanto mais tempo eu passava na South Road, mais descobria que *se dar bem* significava que você podia ficar acordado até tarde em qualquer noite da semana. Sabia que as pessoas que não estavam *se dando bem* tinham que ir para a cama cedo, para que pudessem se mandar para o trabalho. Quando minha mãe veio me buscar em seu carro novo – um Buick Regal preto com teto de vinil branco –, eu tive certeza de que *se dar bem* era o único caminho a ser percorrido.

Mesmo com tudo isso, eu nunca gostei de dormir na casa da minha mãe. Era legal lá, mas o ambiente era diferente e eu me sentia solitário. Piorou quando ela comprou uma casa em Long Island. Lá era mais tranquilo, e esse era justamente o problema. Eu estava acostumado demais com a festa constante que era a casa da minha avó. Minhas tias e tios podem não ter sido as pessoas mais protetoras do mundo, mas pelo menos sempre havia algo acontecendo que eu pudesse xeretar. Na casa da minha avó, eu podia adormecer no sofá e sempre teria alguém por perto, falando ao telefone ou assistindo à TV. A casa da minha mãe era tão isolada que o silêncio me incomodava. Depois de um tempo, eu dizia: "Quero ir para casa. Me leva de volta para a casa da vovó". E ela levava.

Depois que minha mãe se mudou para Long Island, suas visitas se tornaram tão esporádicas que, sinceramente, não consigo me lembrar da última vez que a vi. A última lembrança clara que tenho é de quando ela foi ao casamento da tia Karen, que aconteceu numa igrejinha ao lado de um posto de gasolina do Linden Boulevard. Lembro que minha mãe colocou um dinheiro no meu bolso e tiramos algumas fotos juntos. Essas são as últimas fotos que minha família tem dela.

Até hoje, meu avô é um homem que diz o que pensa, sem medo de retaliação. Ele não tem a intenção de ferir os sentimentos de ninguém, mas diz exatamente o que está em sua cabeça, sem considerar de que forma suas palavras podem afetar as pessoas. Ele criou nove filhos e cuidou deles da melhor maneira que pôde, então sua atitude era: "Eu não dou a mínima para o que pensam. Podem ir embora. Se não estiverem gostando, podem dar o fora da minha casa. Isso é o que eu tenho. Vocês, seus filhos da puta, podem ir".

Os sentimentos do meu avô não costumam transparecer em seu rosto. Ele só tem uma carranca permanente. Se você observar a cara dele por meio de um microscópio bem potente, com instrumentos capazes de medir o comprimento das asas de uma mosca, provavelmente verá que os cantos da boca dele se voltam para cima quando ele fica muito, muito feliz. Quando ele está chateado, suas feições não mudam.

CAPÍTULO 2
"SEMPRE HOUVE MUITO DRAMA..."

Um monte de idiotices. Essa é a melhor maneira de descrever minha situação e tudo em que me meti nos primeiros anos após a morte de minha mãe. Nada de idiotices extravagantes, apenas umas merdas normais, como sair de casa pela janela do andar de baixo quando havia a porta da frente em perfeito estado para eu usar. Ou escalar a pequena cerca de arame em vez de abrir o portão como um ser humano normal. Um monte de idiotices, como brigar com crianças na escola três vezes por semana ou dizer aos professores o que eles poderiam fazer com seus planos de aula e deveres de casa. Um monte de idiotices, como ficar correndo pela casa sem parar como uma espécie de brinquedo de corda sem fim. Até que alguém sugeriu que eu tomasse metilfenidato, também conhecido por crianças hiperativas de todo o mundo como Ritalina.

A Ritalina funcionou, não necessariamente porque o remédio é eficaz, mas porque é tão potente quanto qualquer outra droga administrada a crianças. A lógica da medicina de introduzir um estimulante em um sistema hiperativo valeu a pena: depois de cada dose, sentia cada vaso sanguíneo em minha cabeça inchar e eu ficava tonto. Eu me sentia lento, parecendo um noia, e achei melhor começar a desacelerar em vez de tomar o remédio o tempo todo. Tornou-se uma ameaça: "Vai mais devagar ou vou te dar seu remédio".

"Tudo bem, vou ficar bonzinho."

Na minha cabeça, as coisas só não estavam indo bem para mim porque minha mãe não estava por perto. Esse era o meu raciocínio para todas as coisas, grandes ou pequenas. Quando minha tia me dava nos nervos, eu sabia que não seria assim se minha mãe estivesse por perto. Se gritassem comigo por sujar a casa de lama, eu pensava que não seria punido se minha mãe estivesse ali. Mesmo que estivesse chovendo, eu ficava sentado olhando pela janela, pensando que, se minha mãe estivesse por perto, o sol sairia. Sempre que eu via a minha mãe, algo bom acontecia. Mas, quando não pude mais vê-la, nada parecia dar certo. Alguém até roubou a motocross que ela me deu. Isso realmente fodeu com a minha cabeça. Um dia eu simplesmente acordei, saí, e a motocross não estava mais lá. Assim como a minha mãe.

Minha avó percebeu o que eu estava sentindo, provavelmente antes de mim, porque ela me deu *muito*, muito amor, e parecia me dar mais liberdade do que ela jamais dera a qualquer um dos meus tios e tias. Eu sabia disso porque minha tia mais nova, Cynthia, nunca perdia a chance de dizer que eu estava recebendo uma quantidade excessiva de passadas de pano. Cynthia e eu éramos quase inimigos mortais. Minhas batalhas com Cynthia começaram imediatamente depois de passado o luto da morte de minha mãe, deixando-a com uma visão clara da nova configuração da família. Cynthia rapidamente percebeu que a posição que ela tanto valorizava como o bebê da família não era mais dela – era minha.

Ser a mais nova dos nove filhos significava que Cynthia já estava sobrecarregada com o trabalho pesado da casa. Mas, para ela, a responsabilidade adicional de cuidar de mim depois da escola não era uma tarefa árdua, era uma oportunidade de vingança. Ela tinha um modo passivo-agressivo de me torturar. Cynthia nunca me ferrou abertamente. Tudo o que ela fazia era seguir as instruções da minha avó ao pé da letra. Por exemplo, enquanto eu assistia à TV ela dizia: "A vovó disse que você não pode assistir à TV antes de fazer o dever de casa".

"Já terminei meu dever de casa", eu respondia, parando na frente da TV.

"Bem, eu tenho que verificar primeiro", ela dizia, e desligava a TV bem na minha cara! Ela fazia coisas assim de propósito. Só me deixava assistir a um pouquinho de um programa para me provocar e, geralmente na hora que a ação estava prestes a acontecer, desligava o aparelho e ordenava que Boo-Boo fizesse o dever de casa. Ela sabia muito bem que os únicos desenhos da tarde que valiam a pena assistir passavam entre as 15h e as 16h30. Mesmo que eu fizesse meu dever de casa rápido o suficiente para assistir aos programas, ela demorava o quanto quisesse antes de aparecer para conferi-lo.

"SEMPRE HOUVE MUITO DRAMA..."

A verdade é que Cynthia era uma nerd que adorava dever de casa e tudo que envolvia estudar, então ela não se incomodava em checar minha lição. Para ela era, tipo: "Ótimo! Posso torturar meu sobrinho e fazer o dever de casa ao mesmo tempo!" Ela até tinha aqueles bifocais grossos para provar que era assim. E foram esses óculos que me permitiram exercer uma pequena dose de vingança depois que ela matou Dillinger.

Até hoje, Cynthia jura por um caminhão cheio de Bíblias que não teve nada a ver com a morte — porra, *assassinato* — do meu segundo cachorro. O primeiro foi atropelado por um carro na rua, então tenho quase certeza de que ela não teve nada a ver com isso. Mas a história de Dillinger foi bem diferente. O dobermann tinha sido um presente para a família e para mim. Mesmo com a ameaça da Ritalina, eu ainda estava fora de controle. Nenhum adulto ou criança na casa conseguia me aguentar, e ninguém queria. Um cachorro pareceu a melhor maneira de me dar uma companhia e me manter ocupado. Eu amava aquele cachorro. Ele dormia na cama comigo, mesmo depois de ficar tão grande que assustava o resto da família. Dillinger deixava todos nervosos porque eles pensavam que ele era mau. Ele era legal comigo, mas não se dava muito bem com ninguém.

O único problema de Dillinger era ser ganancioso. Ele era um cachorro que comia cem vezes por dia, independentemente do que fosse colocado na sua frente. À princípio, ele se deu muito bem com ração seca, mas, quando eu comecei a lhe dar as sobras da mesa, o cachorro passou a pensar que podia pegar o quanto quisesse de comida humana. Que problema. Não demorou muito para que Dillinger pulasse na mesa e roubasse a comida direto do meu prato. Foi quando ele realmente começou a assustar minha família, e eles começaram a murmurar sobre se livrar dele. Tentei agir como se estivesse tudo certo, mas ninguém me ouvia. Eles diziam: "Um cachorro não pode pular em cima da mesa assim".

Tentei conversar com o cachorro: "Olha, se você continuar pulando na mesa, eles vão se livrar de você". Castigar Dillinger estava fora de questão. Não havia como controlá-lo. Assim, depois da escola, quando não havia ninguém por perto, comecei a alimentá-lo tanto quanto conseguia.

A única coisa que aconteceu foi que o cachorro começou a arrancar comida da minha mão sempre que eu comia. Eu podia estar comendo um sanduíche e ele o arrancava da minha mão, por pouco não levava meu dedo junto. Mas as coisas realmente saíram do controle quando Dillinger comeu o peru de Ação de Graças.

Minha avó sempre assava o peru de Ação de Graças um dia antes, na quarta-feira, para poder se concentrar nas entradas, guarnições e acompanhamentos na quinta-feira. Quando eu tinha dez anos, ela cometeu o erro de deixar um peru tamanho família, bem assado e suculento na mesa da cozinha, para esfriar durante a noite. Na manhã seguinte, quando desci para alimentar Dillinger, ele estava limpando os ossos do peru. Não dava para crer. Naquele momento, soube que os dias de Dillinger estavam contados, mas nunca imaginei que Cynthia o mataria.

Ela foi muito esperta quanto a isso – usou a própria ganância contra ele e o deixou fazer a maior parte do trabalho. Tudo o que ela fez foi encher uma tigela com inseticida, que cra parecido com leite, e colocar a tigela no chão. Claro, qualquer cão normal teria algum senso de autopreservação que o impediria de beber uma tigela de veneno. Mas não Dillinger. Ele foi direto até a tigela. Acho que, quando ele morreu, seu único arrependimento foi não ter terminado sua última refeição.

Eu sabia que Cynthia tinha feito isso de propósito. Ela disse que não tinha colocado a tigela lá para ele, mas por que outro motivo você encheria uma tigela com inseticida? Eu era o único amigo de Dillinger, então todas as minhas reclamações foram ignoradas. Deixei a vingança em banho-maria, sabendo que uma oportunidade apareceria. Quando aparecesse, eu agiria rápido. Já estava decidido.

Minha chance veio em uma manhã de domingo, quando eu estava folheando os cupons promocionais do jornal. Quando deparei com uma página de selos de Natal, a ideia me ocorreu tão rápido que parecia que sempre estivera lá. Subi correndo a escada, entrei no quarto de Cynthia e peguei os óculos bifocais que ela mantinha em sua mesinha de cabeceira. Corri de volta para o andar de baixo e colei todos os selos nas lentes, depois coloquei os óculos de volta na mesinha de cabeceira. Então esperei...

"Aaaaaahhhhhh!!!!!!!!", Cynthia estava gritando. "Aaaaahhhhhh!!!!!!!!" Ela chorava tão alto que fiquei com medo. Achei que ela podia ter se machucado. Então, eu ouvi: "Mãe! Socorro! Mããããããããeeee!"

Ouvi minha avó entrar correndo no quarto enquanto Cynthia chorava. "Mããããããããeee! Socorro!!! Estou cega!!!" Então, minha avó começou a rir.

Corri escada acima e vi Cynthia olhando ao redor da sala através dos óculos coloridos, mas sem conseguir ver nada, chorando. "Estou cega!"

Nem lembrava que Cynthia tinha o hábito de não abrir os olhos até colocar os óculos bifocais. Eu só queria provocá-la, mas ela ajudou a levar meu pequeno plano a um nível superior. Ela realmente pensou que estava cega! Cara, isso não tem preço.

Cynthia ficou mais envergonhada por pensar que estava cega do que ficaria se realmente tivesse perdido a visão. E piorou porque minha avó contava a história para cada membro da família e visitante que por acaso havia perdido o episódio. Era como se eu pudesse reviver o episódio cada vez que o ouvia. "Ei, senhor carteiro, você já ouviu a história de quando minha tia pensou que estava cega? Não? Bem, minha avó adoraria contá-la. Entre e sente-se. Você vai adorar essa história."

Durante minha infância, sempre houve muito drama lá em casa. A maioria dos meus tios e tias vivia chapada, bêbada ou uma combinação dos dois. Até meu avô costumava ficar bêbado. Minha avó não gostava, mas não havia muito o que ela pudesse fazer a respeito. Eu me lembro de uma noite de verão, não muito tempo depois de o tio Johnny ter voltado da Marinha, em que todo mundo estava bebendo no quintal. Não sei se o tio Johnny começou a ter problemas com a bebida na Marinha ou se isso passou a acontecer depois que voltou para casa, mas ele estava bem bêbado na noite em que queimou as mãos.

Meu avô estava lá fora com uns amigos; tio Johnny estava lá fora com tio Harold, tio Star e alguns amigos deles. Conforme ia anoitecendo e as garrafas iam ficando vazias, os veteranos e os jovens começaram com um monte de conversa fiada. Tio Star estava revivendo seus dias de glória como jogador de basquete. Não parecia incomodá-lo que ninguém conseguisse se lembrar dele jogando bem em qualquer jogo em qualquer época, muito menos quebrando todos os recordes que estava reivindicando. "Eu era o melhor do parque, cara", ele disse. "Por que você acha que o papai me chama de Star?" Meu avô dizia que era porque *ele* era o único Curtis da família, mas, se Star quisesse ser chamado de Curtis, ele o enfrentaria pelo nome com prazer.

Então, um dos amigos do meu avô se dirigiu ao tio Johnny: "Aposto que você não consegue trazer aquele gelo de lá para cá", disse, apontando para um bloco fumegante de gelo seco que eles usavam para manter as bebidas geladas.

"Aposto que consigo trazer aquele bloco de gelo", rebateu Johnny.

"Bem, apostamos que você não consegue."

Johnny caminhou até o gelo, falando alguma merda sobre ter estado na Marinha e todas as coisas que ele fez – mover um bloco de gelo não era *nada*. Até *eu* sabia que não se deveria mexer naquele gelo. Mas Johnny não sabia. Ele se abaixou para agarrar o gelo pelas laterais e queimou toda a pele dos antebraços. Minha avó precisou levá-lo ao hospital porque ela era a única sóbria o suficiente para dirigir naquela noite.

Eu cresci ao redor desse tipo de merda maluca. Acontecia tanto que parecia normal. Eu achava que todas as famílias se reuniam, ficavam bêbadas e faziam piadas que causavam queimaduras de segundo grau.

CAPÍTULO 3
"QUE PARTE DO JOGO É ESSA?"

Apesar da loucura que acontecia na minha casa, tentei ter uma infância bastante normal. Eu jogava futebol americano de rua, no estilo toque de duas mãos, os esgotos servindo como traves. Mas eu realmente não gostava de jogar futebol, ou qualquer outro esporte de equipe, aliás. Nos esportes coletivos, as outras crianças deixavam a bola cair ou se atrapalhavam em alguma jogada e nós perdíamos o jogo. Eu odiava essa merda. Já naquela época, a ideia de não estar no controle do meu próprio destino, mesmo que apenas em um jogo, me incomodava.

Eu passava muito tempo sozinho, fantasiando sobre ter coisas que não tinha condições de comprar. Ficava dias inteiros olhando os carros que passavam. "Esse é o meu carro." Não conheço nenhuma criança que não tenha jogado esse jogo. Acho que é uma coisa normal para uma criança brincar com um carrinho de brinquedo enquanto sonha em ter um carro de verdade. Mas, quando eu via um e dizia: "Esse é o meu carro", eu estava falando sério. Eu queria *aquele* carro, aquele que estava vendo. Não queria nenhum outro. Quando coloquei na cabeça que iria dirigir um Mercedes-Benz, foi isso. Sabia que faria isso. Era o que estava em minha mente e era o que aconteceria na realidade. Peguei uma pequena Mercedes de brinquedo e a carregava no bolso, como se pudesse fazer a coisa real se manifestar por pura força de vontade.

Eu não estava tendo visões inúteis. Os caras mais velhos que eu tinha visto com a minha mãe dirigiam grandes carros americanos e usavam ternos chamativos e sapatos caros. Mas, quando eu tinha dez anos, comecei a ver uma mudança em quem tinha dinheiro, poder e respeito no bairro. A nova geração estava cheia de adolescentes que dirigiam carros estrangeiros menores, como Mercedes, BMWs, Audis e Saabs. Eles usavam moletons e tênis novos e se enchiam das maiores e mais grossas peças de ouro que podiam bancar.

Sincere era um desses da nova geração. Sua tia era vizinha da minha avó, e seu avô morava a dois quarteirões de distância. Ele era praticamente da família. Às vezes, ele me via na rua perambulando com meus tênis rasgados, minhas roupas sujas e minha pele acinzentada. Ele abria a porta de seu BMW e, sem mais nem menos, me levava para fazer compras. E não apenas nas lojas do bairro, mas descia até a Jamaica Avenue, até o shopping, até o Pop's, onde ele me comprava moletons da Fila e tênis de todo tipo: Ellesses, Lottos, Adidas, Nikes. Um dia, quando estava fazendo muito frio, ele me deu uma jaqueta Starter. Foi um grande gesto, porque as coisas que ele me dava realmente combinavam entre si – não era apenas o que estava em promoção. No Brooklyn, pessoas eram roubadas e mortas por causa dessas coisas – e eu as estava conseguindo de graça. Eu até usava as coisas que ele me dava dentro de casa, onde ninguém podia me ver. Como minha avó não comprava essas roupas para mim, ela não podia me dizer para tirar nada ou para guardar para uma "ocasião especial".

Minha avó fez o melhor que pôde por mim, mas já tinha alimentado muitas bocas. Quando seus filhos eram pequenos, os tênis custavam alguns poucos dólares. Naquela época, mesmo os de marca custavam cerca de 20 dólares. Já os tênis que eu queria custavam facilmente 50 dólares, e os realmente bacanas custavam cerca de cem dólares. Isso não fazia sentido para ela. Para a minha avó, 50 dólares equivaliam a um bom casaco de inverno e algumas calças, não a um par de tênis. Com que cara eu pediria para ela um par de Air Jordans que custavam cem contos? Eu não conseguiria.

Meus tios e tias era muito unhas de fome com dinheiro, mesmo com as unhas roídas. Se eu pedisse um trocado a eles, era como se os tivesse insultado: "Cinco dólares? Para quê? Você quer 'pegar emprestado' ou quer que eu te *dê* cinco dólares? Não fique me pedindo dinheiro".

O único que cuidava de mim era o tio Harold. Ele se casou com uma haitiana chamada Sharon, e a família dela estava trazendo muita maconha e cocaína do México pela fronteira sudoeste dos Estados Unidos. Em troca do casamento com a irmã, os novos cunhados do meu tio o colocaram no negócio. Não demorou muito para que ele estivesse se dando bem o suficiente para comprar uma casa em Miami e ter um lugar para trabalhar em Houston. Antes de se mudar para Miami definitivamente, ele comprou uma mobilete para mim, substituindo a que havia sido roubada.

O marido da tia Karen, tio Trevor, fazia pequenas coisas por mim, e ele nem era um parente de sangue. Trevor sempre tinha algo para me dar toda vez que nos cruzávamos. Sua gangue de jamaicanos era famosa. Eu não sabia muito sobre eles quando era mais jovem, mas vi que os caras que eu pensava que eram grandes pisavam em ovos sempre que Trevor ou seu pessoal estavam por perto. Eu não entendia. Aos meus olhos, o tio Trevor era apenas um cara legal que ganhava algum dinheiro e o compartilhava com as pessoas ao seu redor. Mesmo depois que Trevor foi preso e condenado a 13 anos, nunca o vi como uma pessoa má. Uma vez, ele chegou a comprar uma Mercedes-Benz 190E nova em folha para minha avó, porque o Oldsmobile dela vivia quebrando. Isso foi em 1985, quando uma Mercedes era algo do tipo "Puta que pariu! Que legal". Meu avô e eu começamos a falar coisas do tipo: "Por que *ela* ganhou um carro?"

Das pessoas que eu conhecia, essas eram as únicas capazes de fazer qualquer coisa por alguém além de si mesmas – e todos elas estavam traficando drogas. Todos os traficantes eram generosos – exceto meu primo, Brian. Ele nunca deu merda nenhuma para ninguém. Sincere foi o que mais cuidou de mim. Quando eu estava com ele, via que todos o tratavam com respeito. Os donos dos comércios o cumprimentavam como ele se fosse da família, e todos os traficantes o admiravam. Eu gostava da sensação que tinha quando estava com o Sincere. Não havia como me convencer de que traficar era algo ruim. Essas eram as pessoas que eu via enquanto crescia; eram meus modelos.

Nesse momento, na primeira metade dos anos 1980, a cocaína era uma droga recreativa. Minhas tias e tios – Star, Johnny e Jennie (que voltara pior do Exército do que quando Johnny voltou da Marinha) – usavam coca. Eles se reuniam com os amigos, cheiravam algumas carreiras e saíam. Quando voltavam, cheiravam mais algumas carreiras e bebiam até cair no sono, na tarde seguinte. Eu acordava de manhã com toda aquela conversa alta e os encontrava na sala com as mesmas roupas que estavam quando tinha ido dormir. Eles se divertiam tanto que, quando ficavam sem coca, ninguém queria ir buscar mais, então eles me mandavam andar um quarteirão até a casa de Brian para conseguir um Fat Albert. Um Fat Albert era cerca de um quarto de grama de cocaína embrulhado em papel alumínio ou em um pedaço de saco plástico, vendido por 25 dólares. Brian estava apenas no ensino médio. Na verdade, ele estava na idade em que deveria estar no ensino médio, mas nunca o vi fazendo o dever de casa ou carregando livros. Quando o via, ele estava de banho tomado e roupas limpas. Ele andava com caras muito mais velhos e dirigia um Pontiac Bonneville com pneus de faixas brancas. Mas, como eu disse, mesmo sendo meu primo, Brian nunca me deu nada.

Uma vez, eu tinha 50 dólares no bolso e estava pegando alguns Alberts de Brian. Ele estava com um par de tênis novos, e cerca de seis ou sete caixas de tênis, que ele nem tinha usado ainda, estavam empilhadas no quarto. Foi uma das coisas mais malucas que já vi. Parecia um canto de uma das lojas de tênis que eu tinha conhecido com o Sincere. Perguntei a Brian se ele poderia me comprar um par de tênis novos, porque os que eu tinha estavam todos gastos. Mostrei a ele a sola dos meus Lottos. A meia Atorn e a ponta do meu dedão estavam de fora. O filho da mãe riu de mim, contou o dinheiro que eu dei para ele, me entregou os dois Alberts e me mandou embora. Eu fiquei, tipo, "Foda-se". Depois disso, nunca mais voltei ao Brian para pegar nada. A partir daí, só ia visitar o Sincere.

Mas chegou o momento em que o Sincere também parou de comprar roupas ou tênis para mim. Sincere começou a mudar. Mel e Jack, alguns dos caras mais velhos do bairro, tinham sequestrado o avô dele para pedir resgate. Mel e Jack eram os mesmos caras que haviam se especializado em roubar bancos. Os tempos estavam mudando, mas caras como esses se recusavam a mudar. Eles não tinham a sutileza nem a paciência que o jogo das drogas exigia, então eles mantinham suas táticas de intimidação. "Ataques-surpresa", é como chamam. Assaltos em plena luz do dia. "Todo mundo no chão! Abre o cofre aí, sua vagabunda." Quase sempre buscavam o dinheiro do cofre, porque era lá que ficava o dinheiro de verdade; o dinheiro dos caixas era uma merreca e muitas vezes era marcado. O dinheiro guardado nos fundos podia ou não ter o número de série marcado, mas era um negócio melhor – a julgar pelo risco de ter guardas, clientes e funcionários deitados no chão sob a mira de armas, como se ainda estivéssemos nos dias de Al Capone. E, então, eles começaram a ficar chapados, como se já não fossem loucos o suficiente.

Sincere me disse que eu tinha que manter a boca fechada sobre coisas como essa. Ele não precisava ter me dito isso, porque eu estava assustado com a coisa toda. Eu estava, tipo: "Que parte do jogo é essa?" Aquela merda não fazia sentido para mim. Perguntei ao Sincere como isso aconteceu, e ele me disse que alguém cometeu o erro de dizer a Mel e Jack que ele guardava dinheiro em casa. Sincere não sabia quem tinha caguetado, mas tinha quase certeza de que havia sido o Gary, um garoto do bairro que tinha o hábito de falar mais que a boca quando estava com as pessoas erradas. Sincere estava com Gary um dia antes de a casa cair – e Mel era o pai do filho da irmã do Gary. "Eu não acredito em coincidências", Sincere disse. Ele só acreditava nas coisas que podia ver, e ele viu Mel e Jack, embora eles usassem máscaras. Os ladrões sequestraram o avô dele e atiraram no velho só para mostrar a Sincere que estavam falando sério. Queriam dinheiro e estavam prontos para abrir buracos nas pessoas para provar isso.

A história me fez acordar sobre o que o jogo realmente significava. Até aquele ponto, eu acreditava em algum tipo de honra entre os ladrões. Mas essa ilusão abandonou minha mente naquela noite. Era tudo uma questão de dinheiro, cada um por si.

"Eu não entendo essa merda, Boo-Boo", Sincere desabafou. Seus olhos procuravam algo, como se ele esperasse que Mel e Jack voltassem a qualquer minuto. "É como se você não pudesse mais administrar um pequeno negócio", lamentou ele. "Você precisa ficar esperto com o Gary."

Sincere contou que a mesma coisa aconteceu com Brian depois que ele passou um tempo na companhia do Gary. Não que Gary tivesse a intenção de causar problemas, ele só estava entusiasmado com o quanto as pessoas ao seu redor se davam bem. Talvez pensasse que contar às pessoas que ele convivia com gente importante o tornaria importante por associação. Só que caras como Mel e Jack sempre tiveram seus próprios planos. Eles foram até a casa do Brian para roubá-lo. Quando a mãe do Brian se recusou a abrir a porta, eles tentaram entrar à força e acabaram atirando na cabeça dela. Eu sabia que a mãe do Brian havia levado um tiro, mas não sabia dos detalhes até aquela noite. Sincere me alertou que, com figuras como Mel e Jack correndo soltas por aí, era melhor ficar quieto sobre o quanto você ganhava e o quanto disso você guardava em casa. Eu concordei.

Parecia que o Sincere estava me preparando para algo, mas eu não tinha certeza do que era.

"Olha só, se eu te der um par de tênis, eles vão ficar sujos e eu terei que comprar tênis novos para você de novo, mano", Sincere disse. Em seguida, ele pegou um saquinho de cocaína e me disse que lá dentro tinha um pouco mais de um grama de pó. Sincere dividiu o conteúdo do saco em cinco partes iguais e embrulhou-as em papel alumínio. "São cinco Alberts, mano", disse ele. "Venda isso para seus tios e me traga cem dólares."

Eu tinha os papelotes na mão, e estava olhando para o que se tornaria minha primeira transação lucrativa com drogas. Sincere disse que a cocaína em pó estava desaparecendo, e que todo mundo estava começando a vender e fumar pedrinhas cozidas – elas davam o mesmo barato que a cocaína freebase. Até então, quem usava a freebase eram principalmente os brancos, que queimavam coca em colheres ou pedaços de papel alumínio. Eles cozinhavam com água sanitária, amônia, ou qualquer outra merda fedorenta que se usa para limpar a casa. O problema era que isso poderia fritar a cara de um filho da puta. Foi assim que Richard Pryor se incendiou, cara. As novas pedras das quais Sincere estava falando não envolviam lidar com produtos químicos domésticos inflamáveis, nem qualquer coisa do tipo. Ele disse que a margem de lucro não era tanta quanto vender pó, e que não dava para batizar a coca com leite em pó e sapólio ou aquela merda toda para encorpá-la, mas dava para compensar em volume, porque os filhos da puta adoravam.

Os usuários voltavam em 15 minutos, como se não tivessem acabado de fumar. Sincere disse que estava vendendo principalmente para brancos vindos de Long Island, mas os negros também estavam começando a curtir. Os negros a misturavam com sua erva e fumavam, e adoravam o barato que dava. Ele disse que começou nas Bahamas, depois se espalhou para Miami, então chegou a Los Angeles, cara. Estava em todo lugar: Chicago, Detroit, San Diego, Minnesota, Boston, São Francisco. "Eu poderia continuar listando, mas estaria apenas lendo um mapa dos Estados Unidos", Sincere riu. "Acho que esses filhos da puta daqui demoram muito para entender, mano." Ele era como um estudioso, explicando que havia tanta cocaína nas Bahamas que eles começaram a fazer freebase para se livrar dela mais rápido. Eles a embebiam em querosene e ácido e misturavam com cal. "Mas os pretos daqui não têm tempo para essa merda toda", comentou ele. "Os pretos daqui misturam com bicarbonato de sódio, depois cozinham essa porra. Dá pra acreditar nessa merda, mano? Bicarbonato de sódio? A mesma merda que usam para limpar a casa e deixam na geladeira para tirar o cheiro. A porra do bicarbonato de sódio!"

Ele estava me explicando o futuro, sua mente viajava por todos os lugares – das Bahamas a Los Angeles, por todos os pontos do mapa até o bicarbonato de sódio na geladeira, até o dinheiro que ele ganharia, até cozinhar a cocaína, até os frasquinhos em que a vendiam, até os cachimbos, garrafas e lâmpadas em que era fumada. "Essa merda parece uns pedacinhos de sabão", ele contou. "Os caras fumam em tubos de vidro com esponjas de aço no lugar do filtro." Eu estava ouvindo, mas não tinha ideia do que ele estava falando. Dava para ver que ele estava animado, mas toda aquela merda sobre culinária não tinha nada a ver comigo. E eu ainda estava preso às pedrinhas na palma da minha mão. Eu sabia que queria *me dar bem*, mas não via como poderia trabalhar para ele. Eu era muito jovem. Ainda estava na escola. Eu não conhecia o jogo. Sincere inclinou a cabeça para trás e riu: "Você só não pode fazer o corre quando tem seis anos".

Depois que ele me disse isso, todas as dúvidas me deixaram. Sincere soava como se falasse por experiência própria – se ele não vendeu drogas aos seis, deve ter visto muitos meninos de seis anos fazendo isso para saber do que estava falando. Além disso, eu não precisava de muito convencimento – eu queria *me dar bem* por meus próprios méritos e agora tinha meu futuro nas mãos.

Escondi os Fat Alberts no meu quarto. Sempre que meus tios me mandavam buscar coca, eu simplesmente pegava no meu estoque, dava uma volta no quarteirão para matar o tempo e depois voltava. Quando meu estoque terminava, eu ia até o Sincere para reabastecer. Eu tinha apenas 11 anos. Ainda estava na escola, então a única hora em que conseguia ir para o corre era depois das aulas, quando meus avós pensavam que eu estava apenas brincando na rua. Peguei tudo muito rápido, porque em menos de um ano você pode aprender tudo o que precisa saber para traficar. A maioria das coisas que é preciso observar você saca logo, porque tudo acontece com muita frequência. É o mesmo ciclo, repetidamente. Não é nada inédito. Você sabe que não deve falar nada sobre o que está fazendo e sabe que não é legal contar para ninguém. Todo o resto é treino do dia a dia.

Quanto mais eu fazia, mais fácil ficava. E, quanto mais fácil ficava, mais eu *me dava bem*. No início, eu podia comprar umas coisinhas, como guloseimas e fast-food. Então, passei a comprar tênis e roupas. Depois, comecei a adquirir pequenos videogames portáteis, mas isso não fazia sentido: eu não tinha tempo para jogar nada – estava muito ocupado vendendo coca.

O crack atingiu as ruas com mais força do que o Sincere poderia ter imaginado, e eu ainda estava aprendendo o caminho das pedras quando o jogo mudou. Em 26 de fevereiro de 1988, um policial novato foi morto a tiros no meu bairro enquanto estava em sua viatura. Ele atuava como segurança de uma testemunha que concordara em depor no tribunal contra alguns traficantes que vendiam crack na frente da casa dele. O agente levou cinco tiros na cabeça. A polícia disse que um traficante preso de Southside é que havia ordenado a execução.

Poucas horas depois da morte do policial, o poder mudou de mãos em Southside. Alguns meses antes, o bairro havia se tornado um território ocupado por traficantes. Faziam negócios em bocas ao ar livre, como se tivessem total liberdade para isso. Noias com cara de zumbi, totalmente zoados, vagavam pelas ruas dia e noite como se fossem sobreviventes de uma explosão nuclear. Pessoas comuns tinham muito medo de se pronunciar, e os policiais não davam a mínima. Mas, quando um dos seus foi atingido, a polícia de Nova York chegou com tudo. As ruas foram rapidamente tomadas pelos cassetetes da lei. Guaritas policiais brotaram como ervas daninhas durante a noite, e viaturas peregrinavam pelas ruas desertas como bolas de feno. Marretas de arrombamento tático ressoavam, batidas eram conduzidas, e por um minuto – apenas por um minuto – o Southside pareceu o que seria se ninguém tivesse inventado o crack. Foi uma campanha de choque e pavor sem a execução de um bom plano de ocupação. Não fazia parte de um processo e não era uma mudança genuína de abordagem. Não iria – não poderia – durar, porque não lidava com o que realmente estava acontecendo na comunidade. Nós traficávamos porque precisávamos de dinheiro, e os noias precisavam de drogas. Sem empregos ou opções viáveis, era assim que as coisas seriam.

O assassinato do novato ocupou as primeiras páginas dos jornais em todo o país e deu início à guerra contra as drogas. As sentenças mínimas obrigatórias para o tráfico e as diretrizes federais de condenação já haviam sido estabelecidas nos anos anteriores, mas então veio a Lei Antidrogas de 1988, que exigia a pena de morte para os "chefões do tráfico" e garantia que os infratores condenados pela legislação antidrogas cumprissem pelo menos 85% de suas sentenças na prisão. Isso também levou à criação de unidades policiais como a Equipe Tática de Narcóticos (Tactical Narcotics Team – TNT) e a Unidade de Repressão a Entorpecentes de Rua – o que deu à polícia um poder sem precedentes para lidar com os traficantes de rua.

Porém, nada de empregos. Sem empregos, tudo o que a repressão fez foi ajudar a criar uma espécie mais engenhosa e resiliente de traficante. Se a quebrada fosse a cocaína, o assassinato do policial novato seria o bicarbonato de sódio. E uma força policial furiosa foi o fogo que preparou novos traficantes. Traficantes como eu.

CAPÍTULO 4

"VOCÊ TEM QUE JOGAR PELO AMANHÃ, MESMO QUE O AMANHÃ NUNCA CHEGUE..."

star na posse das drogas deixou de ser seguro para os traficantes. Não que isso tenha sido, alguma vez, uma coisa inteligente a se fazer, mas havia algo conhecido como Constituição dos Estados Unidos que os protegia de buscas ilegais. O mais inteligente era manter as drogas em um esconderijo em algum lugar por perto, talvez em um saco de papel pardo no chão, onde elas pudessem ficar camufladas em meio ao lixo espalhado. Outra boa opção era a ranhura da grade de algum portão. Afinal, posse significava posse e, correndo o risco de soar redundante, isso significava que o traficante tinha que realmente estar na posse das drogas, não somente estar próximo a elas. Os traficantes mais criativos guardavam seu estoque nas entranhas de um telefone público quebrado, atrás de uma caixa de ferramentas, dentro de uma lata de refrigerante sem fundo ou qualquer coisa grande o suficiente para conter um saco de crack, mas pequena o suficiente para passar batido em inspeções. O traficante que ganhava o suficiente em vendas para contratar ajudantes contava com três pessoas: uma para fazer a venda, uma para guardar o produto e uma para servir de vigia. Mas a TNT mudou tudo isso. Quando chegaram, todos nos arredores foram presos, até mesmo cidadãos inocentes. Acabou de sair de uma loja depois de comprar um pacote de sementes de girassol? "Explique isso ao juiz, amigo." Fazendo compras para sua mãe? "Explique ao juiz."

A tática da TNT inverteu a lógica do traficante. À medida que os esquadrões policiais começaram a vigiar traficantes de rua e prender com base nas observações de vendas, fazia mais sentido armazenar os produtos perto das joias da família ou em qualquer outro lugar onde o sol não brilhasse. No caso de um traficante ter que correr, pelo menos ele estaria correndo com seu estoque.

Não demorou muito para que se descobrisse que a TNT, além de Equipe Tática de Narcóticos, também significava "Tuesdays n'Thursdays" [terças e quintas-feiras]. Esses eram os dias em que os policiais tinham maior probabilidade de aparecer, pular da viatura e fechar a boca. Se um traficante conseguisse fugir dos policiais, ele tinha muita sorte. Se não conseguisse, bem, "Explique ao juiz, amigo". A venda direta agora significava que alguém tinha parte na transação e poderia ser enquadrado como cúmplice simplesmente por ter conhecimento da venda. Se você fosse burro o suficiente para estar lá em uma terça ou quinta-feira, quando todos sabiam que aquelas viaturas pretas apareciam – e não fosse rápido o suficiente para chegar a um beco, pular um muro, passar por um punhado de quintais e reaparecer a dois ou três quarteirões de distância –, você tiraria o cinto e os cadarços na delegacia, comeria sanduíches de queijo encharcados de óleo e esperaria com o resto dos lesados para falar com o juiz.

Mas boa parte disso não se aplicava a mim na época. Eu era muito jovem para disparar o sonar da polícia. Como eu ainda era um peixe pequeno para competir com os tubarões adultos nadando no Boulevard, fiz meu ponto de venda no quarteirão seguinte, na melhor parte da boca. Eu tinha uma pequena clientela e só trabalhava durante umas três horas depois da escola, todos os dias. Nessa época, ainda não tinha como fazer meu próprio produto ou mesmo comprá-lo no atacado. Eu ainda trabalhava em consignação. Sincere me dava 500 dólares em crack (ou 50 pinos de pedra). Eu levava cerca de uma semana para me livrar deles. Todos os dias, quando terminava de vender, ia para casa e escondia meu dinheiro e minhas pedras em uma caixa de sapatos no armário. Ninguém lá em casa sabia sobre meus negócios depois da escola.

Um dia eu estava no meu ponto, a um quarteirão da boca. Tinha acabado de abastecer uma noia chamada Rhonda e estava aninhando a última pedra de crack nas minhas bolas quando Brian parou em um Nissan Maxima. O carro era todo tunado, com aerofólios, calotas brilhantes, insulfilmes escuros, e ele ostentava um monte de joias – uma corrente grossa com um grande pingente de ouro e enormes anéis de ouro cravado nos dedos. Percebi que ele andava gastando dinheiro como os garotos da idade dele, não como eu – eu só conseguia comprar comida, tênis, algumas roupas e, talvez, um videogame ou walkman aqui e ali.

Brian me perguntou o que eu estava fazendo, e eu respondi que estava apenas matando o tempo. Eu realmente não tinha muito o que dizer a ele. Nunca esqueci como ele havia me tratado no ano anterior, quando lhe pedi um tênis novo. Eu ainda estava chateado. Ele me disse para entrar no carro, e rodamos por quarteirões sem dizer nada um ao outro, até que ele estendeu a mão para seu aparelho de som Kenwood e abaixou o volume. O aparelho ficava no painel de uma caixa portátil Bensi, o tipo de aparelho de som que você pode levar ao sair do carro. As luzes do equalizador brilhavam, tipo, em três cores. Estava tocando "Pussy is Free", do Boogie Down Productions. Essa música era o hino dos traficantes: "A boceta é de graça, porque o crack custa dinheiro".

"Então quer dizer que você está de bobeira por aí, não é?", ele perguntou.

"De bobeira", respondi. "Só estou dando uma volta com você."

"Sério?"

"Sério. Estou apenas dando uma volta com você."

O hino do corre terminou e "Treat Her Like a Prostitute", do Slick Rick, começou a tocar. Não houve conversa entre as músicas. Percebi que Brian ou tinha comprado a fita ou tinha mandado gravarem para ele. De qualquer forma, ele não havia gravado das rádios, o que tinha um significado. Ser capaz de fazer pequenas coisas como comprar uma fita cassete significava estar em um nível alto do jogo.

Qualquer um que está na esquina está lá no espírito empreendedor, porque não quer trabalhar para ninguém. O objetivo final é trabalhar para si mesmo, mas o primeiro objetivo é andar na estica. A pessoa quer a merda da roupa fina para vestir e faz alarde sobre isso, para esquecer como a merda é ruim na quebrada. As roupas não só fazem o homem, mas o ajudam a escapar. Um traficante pode ter que pegar a mesma porra de elevador que todo mundo para chegar em casa, mas ele se sentirá um pouco superior se estiver usando roupas novas ou algumas joias. Depois de acertar o guarda-roupa, um traficante passa a comprar carros, porque as rodas simbolizam o sucesso na quebrada. Ele pode ter a maior casa, mas não pode dirigir a casa para que todos vejam, então, nesse sistema de valores, um carro é mais importante do que uma casa. As pessoas dão um tratamento diferente ao cara que parece ter dinheiro. Portanto, os itens de prazer pessoal só entram em jogo depois que todo o básico está coberto. Lá estava o Brian, comprando coisas como fitas cassetes, enquanto eu ainda lutava para arranjar dinheiro para um par de tênis. Eu estava com uma jaqueta bomber de couro sobre um moletom novo da Adidas, combinando com o meu tênis. Na rua, eu achava que estava evoluindo, mas, sentado naquele carro, sentia como se estivesse fazendo o corre de trás pra frente.

"A vovó conseguiu um emprego novo?", ele perguntou.

"Um emprego novo? Não, não conseguiu."

"Então, a vovó recebeu um aumento."

"Não recebeu aumento nenhum, cara. Do que você está falando?"

"Estou falando de você usar roupas que custam mais de 200 dólares e de eu ter visto a Rhonda perto de você. Até onde eu sei, ela não faz nada além de fumar crack."

Eu não respondi. Não conseguia acreditar que ele tinha tido a coragem de falar *comigo* sobre o que eu estava ou não estava fazendo.

"E, até onde sei", ele continuou, "a vovó não tem dinheiro para gastar 200 dólares em roupas para o neto primogênito ficar na rua sem fazer nada."

"E daí?"

"E daí que eu sei que você está no corre."

"E daí?"

"E daí que, se você só está fazendo isso para comprar roupa, vai perder o jogo", ele alertou. "Você não pode jogar o jogo pensando no hoje. Tem que jogar pelo amanhã, mesmo que o amanhã nunca chegue. Para cada dólar gasto, você precisa economizar quatro. É a única maneira de ganhar dinheiro. Vocês, moleques, assim que ganham um centavo, gastam outro. Economize seu dinheiro e faça alguma coisa com ele."

Eu era muito novo para compreender o que Brian estava dizendo. Tudo o que eu conseguia lembrar era que ele tinha uma pequena loja de tênis em seu quarto quando nos trombamos pela última vez. E agora, só porque consegui um pouco de dinheiro, ele está me dizendo para não gastar. Não sei se fiquei mais puto por ele estar esfregando seu dinheiro na minha cara ou me dizendo o que fazer com o meu. Anos depois, percebi que Brian não era mesquinho – ele era apenas um homem de negócios. Para ele, tratava-se de negócios, nada pessoal. O cara estava tentando me direcionar para o lado comercial das coisas, mas eu não consegui ver na época.

Eu disse a ele: "Amanhã eu penso no amanhã. Por hoje, eu só tenho mais uma hora na rua e não estou ganhando nenhum dinheiro sentado aqui com você".

Então, ele parou o carro, e eu voltei para a boca. A coisa mais importante que tirei dessa conversa foi que ainda tinha um longo caminho a percorrer antes de ganhar dinheiro de verdade. Foi quando comecei a trabalhar pesado.

CAPÍTULO 5

"NÃO PRECISO IR À IGREJA PARA FALAR COM DEUS OU LER A BÍBLIA…"

Num domingo de manhã, minha avó me acordou para ir à igreja. Eu tinha ficado fora o dia anterior inteiro traficando crack e cheguei em casa o mais tarde que pude. Ganhei cerca de 80 dólares pelo que tinha no bolso, o máximo que ganhei em um dia. Eu estava tão cansado quanto poderia estar.

"Vamos, Boo-Boo", minha avó chamou. "Você tem que se vestir."

"Estou indo, estou indo", respondi, mas caí no sono de novo antes de ela sair do quarto. Poucos minutos depois, ela voltou e me sacudiu para que eu acordasse. Eu sequer me levantei da cama, apenas encolhi os ombros e disse: "Eu não quero ir".

Ela pensou que havia algo de errado comigo. "O quê? Você está doente?", perguntou. "Está se sentindo mal? Está com dor de estômago? O que comeu ontem? Você ficou fora o dia todo e deve ter comido alguma coisa que não fez bem. Você come muita tranqueira. Vou te dar um pouco de *ginger ale*."

"Estou bem", respondi. "Só não quero ir pra igreja."

Ela me olhou como se eu tivesse perdido a cabeça. "Pare de falar besteira e se vista", ordenou. Então, minha avó saiu do quarto e eu voltei a dormir. Eu não voltei a dormir profundamente, porque sabia que a conversa não havia terminado. É claro que, depois de alguns minutos, ela voltou e puxou as cobertas de mim. O choque do ar frio me acordou bem rápido, mas eu reforcei que não iria à igreja.

"Como assim, você não quer ir à igreja hoje?", ela perguntou.

"Eu não disse 'hoje'. Eu disse que não quero mais ir à igreja. O Star não vai à igreja, o Harold não vai à igreja, a Karen não vai…"

"Não me diga quem não vai à igreja! Eu vou à igreja, eu sei quem não está lá!" Fiquei assustado. Minha avó nunca tinha levantado a voz e agora ela estava perto de começar a gritar. Eu sabia que a igreja era uma grande parte da vida dela. Aos sábados, ela passava o dia todo assando os bolos que venderia para ajudar a igreja a arrecadar dinheiro para reformas e manutenções. Eu não sabia como explicar a ela que não queria passar horas louvando ao Senhor quando poderia estar vendendo drogas. Não fazia sentido para mim, ficar sentado nos bancos louvando ao Senhor e depois dar as costas e vender crack nas estradas e esquinas. Mas essa era uma conversa totalmente diferente que eu não estava pronto para ter. Felizmente, meu avô entrou.

"O que diabos está acontecendo aqui?", perguntou ele.

"Não fale assim no dia do Senhor, Curtis", ralhou a minha avó.

De repente, não fiquei tão feliz por meu avô ter entrado. Ele tinha acabado de ser repreendido pela esposa e a culpa era minha. Os punhos do meu avô estavam cerrados ao lado do corpo, como se ele estivesse prestes a brigar. Eu estava em apuros.

"O que está acontecendo?", ele indagou.

"Boo-Boo disse que não vai mais à igreja."

"Mas que inferno", meu avô exclamou. "Se o menino não quer ir à igreja, ele não precisa ir à igreja coisa nenhuma." Minha avó ficou quieta. Eu estava a salvo. Meus avós passaram um tempo em lados opostos da discussão sobre a igreja. Mas nem sempre foi assim. Meu avô costumava ir à missa fielmente quando eles frequentavam outra igreja. Ele era uma parte tão importante da congregação que havia passado anos como diácono. Certa vez, levantou alguns milhares de dólares para ajudar a comprar um novo órgão. Haveria um grande show na igreja, e ele vendeu ingressos, organizou a banda e tudo mais. Mas na noite do concerto o pastor desapareceu com todo o dinheiro arrecadado. Meu avô teve que subir no palco e se desculpar para as centenas de pessoas que compareceram. Depois disso, minha avó mudou de igreja, mas meu avô só colocaria os pés em outra igreja se um casamento ou um funeral estivesse envolvido.

Naquela manhã no meu quarto, ele disse a mesma coisa que vinha dizendo há anos: "Merda, não preciso ir à igreja para falar com Deus ou ler a Bíblia". Então, ele saiu do quarto, e minha avó saiu em seguida. Nunca mais fui à igreja.

CAPÍTULO 6

"NÃO ERA O JOGO DAS DROGAS — ERA O NEGÓCIO DAS DROGAS..."

ntes de ser preso, meu tio Trevor apresentou Sincere a alguns colombianos bem-vestidos. Um deles se chamava Carlos. Como Trevor, Carlos era um sujeito classudo. No verão, ele usava roupas de seda e linho sob medida; no inverno, suéteres caros de malha e sobretudos de couro macio. Trevor e Carlos costumavam se encontrar na casa da minha avó enquanto ela estava no trabalho. Acho que Trevor escolheu a casa da minha avó porque ele ficava por lá tempo suficiente para saber que era segura, mas não tempo suficiente para que alguém o encontrasse. Lembro que Carlos sempre bebia água, e só água. Sem gelo. Não importava o quanto estivesse quente. Eu sempre levava água para ele como desculpa para ficar por perto e aprender sobre o negócio. Sempre que Trevor e Carlos estavam conversando, não era o jogo das drogas, era o negócio. Eles levavam isso muito a sério. Eu aprendi muito, e só não aprendi mais porque eles nunca falavam abertamente sobre drogas, só falavam sobre a Copa do Mundo de futebol. Ainda levaria um tempo para eu perceber que futebol era um código que eles usavam para negociar acordos. Tudo o que consegui entender na época foi que o tio Trevor e Carlos estavam muito interessados nos destinos das seleções jamaicana e mexicana, e que Carlos não gostava de gelo na água.

Depois que Trevor foi preso, Sincere começou a traficar com Carlos e se tornou um grande fã de futebol. Eu fiquei, tipo: "Ei, que porra é essa de futebol?" Tentei ver um jogo uma ou duas vezes, mas não era em inglês e passava em um daqueles canais de TV que tinham o sinal fraco. Eu não entendia. Quando perguntei ao Sincere por que ele gostava tanto de futebol, tudo o que ele me disse foi que nos Estados Unidos chamam de "soccer", mas o resto do mundo se refere ao esporte como *fútbol*, e o que conhecemos como futebol é chamado pelo resto do mundo de "futebol americano". Eu disse a ele que não sabia o que havia de tão interessante nisso. Então, ele respondeu: "O mundo é muito maior do que podemos enxergar".

Percebi que, quanto mais Sincere falava com Carlos, mais ele se animava com o futebol. Quanto mais empolgado ficava com o futebol, mais dinheiro ganhava. Quanto mais dinheiro ele ganhava, mais eu ganhava, então também me tornei torcedor de futebol. Devo ter sido o maior torcedor que nunca viu um jogo de futebol na vida. Quando um time pelo qual estávamos torcendo começou a ganhar todas as partidas, comecei a pegar cocaína pura com o Sincere. Comecei com oito bolas, que equivalem a um oitavo de onça, ou três gramas e meio. Então, passei a pegar pacotes – ou um quarto de onça –, e depois meia onça. A cocaína pura não era muita, mas eu mesmo a cozinhava para fazer crack e conseguia mais pinos do que jamais conseguiria obter em consignação com Sincere antes de ele se tornar um apreciador de futebol. Eu estava no negócio.

Como empresário, eu tinha minhas despesas. Tive que ir à venda do bairro para comprar cápsulas e lâminas de barbear Gem Blue Star para cortar as pedras. Eu precisava de um lugar para cozinhar meu produto, então acabei alugando a cozinha de Brian. Embora Brian nunca tivesse me dado nada, foi ele quem me ensinou a cozinhar os produtos. Ele me mostrou a proporção certa para a massa: duas partes de cocaína para uma parte de bicarbonato de sódio. E, muito importante, ele me mostrou como tirar o líquido escorrido do fundo da panela e fazer mais crack. Quando fazia isso, era como se estivesse dobrando meu estoque. Não dava para acreditar. Na minha segunda vez no fogão, consegui criar uma mistura perfeita a olho nu – sem medir, nem nada. Eu fiquei, tipo: "Não pode ser tão fácil assim".

O único problema era o cheiro. Eu odiei no começo, mas me acostumei muito rápido. Eu também nunca esqueci esse cheiro. Da mesma forma que um usuário de maconha sente de longe o cheiro da erva queimada, mesmo que seja no fim do quarteirão ou atrás de uma porta fechada, até hoje sinto o cheiro de crack sendo cozido assim que a água começa a ferver. É um daqueles cheiros estranhos e distintos, como cigarros, e você o entende da mesma maneira. Se você está fumando um cigarro, não se importa com o cheiro, mas, quando não está fumando, mesmo se for fumante, o cheiro incomoda. Com o crack, eu costumava ficar irritado com o cheiro quando não estava cozinhando, porque isso significava que alguém estava ganhando dinheiro, e esse alguém não era eu.

Há um ritmo para fazer crack, e a cada etapa meu coração batia mais rápido porque tudo o que eu realmente queria era vendê-lo. Eu preparava a mistura, fervia a água, cozinhava, deixava solidificar, separava as pedras, enchia os pinos e ia para a boca.

Eu vendia para qualquer pessoa que aparecesse. E, apesar do conselho de Brian, joguei meus lucros para o alto. Eu escondia minhas roupas novas na casa da avó dele, mas deixava meus tênis extras na casa do meu amigo Ray-Ray. Ele era um garoto com quem cresci e morava perto de mim. Também foi meu primeiro funcionário. Quando começou a traficar, Ray-Ray também gastou seu dinheiro em tênis, e eu os escondia na casa da minha avó. Como ele usava tamanho 41 e eu, 38, minha avó nunca percebeu que eu tinha dinheiro extra. De vez em quando, ela perguntava por que Ray-Ray simplesmente não levava seus tênis para casa.

"Pois é", eu dizia como se estivesse chateado com Ray-Ray. "Eu sempre digo a ele para vir buscar esses sapatos. Vou meter tudo num saco e jogar fora. Nem ligo."

Como todas as coisas boas, a sequência de vitórias do Sincere chegou ao fim. O problema era que Sincere achava que todos os que apostavam nos jogos de futebol deveriam arcar com as perdas junto com ele – e ele aumentou muito os preços para mim. Como se isso não bastasse, também decidiu enganar o Carlos. Foi assim que aprendi a jogar futebol.

Apesar das manobras suspeitas de Sincere, Carlos queria continuar os negócios com ele. Sincere tinha todas as conexões no bairro, e o lucro era grande demais para o Carlos ignorar.

"Eu faço bons negócios com o Sincere", Carlos dizia. "Mas ele não percebe que às vezes a pessoa ganha e às vezes perde. E, quando perde, não deve arrastar todos com ela. Não é assim que homens trabalham."

Se a clientela fosse minha, Sincere teria sido cortado do negócio. De qualquer modo, Carlos começou a tratar diretamente comigo. Ele me disse que lembrava que eu sempre pegava água para ele nos encontros com meu tio Trevor. Também disse que só podia confiar em um homem que estava disposto a servir outro homem. Então, ele me deu meu primeiro quilo de cocaína. Estava bem embalado em plástico-filme e parecia um tijolo de açúcar de confeiteiro.

Levei o tijolo para a casa de Brian e usei sua balança mecânica para dividi-lo em oitavos, meia onça e quartos de onça. Guardei metade do tijolo para cozinhar em pedaços e vendi o restante para outros traficantes. Eu estava no ensino fundamental e já fornecia para caras que tinham o dobro da minha idade. Foi nessa época que a escola virou uma piada. Aprendi toda a matemática que precisava saber depois que dividi meu primeiro tijolo. Quando meu orientador educacional me incentivou a tirar uma carteira de trabalho, quase ri na cara dele. Uma carteira de trabalho era como um cartão de fast-food. Se eu preenchesse um monte de papelada, conseguiria um belo cartãozinho que me permitiria arranjar um emprego em uma lanchonete. Se eu tivesse muita sorte, poderia trabalhar no caixa e não ficaria preso no fundo do estabelecimento. Nada do que me diziam na escola fazia sentido para minha realidade, e nada parecia capaz de me tirar dessa realidade. A única coisa que importava era ganhar dinheiro, porque o dinheiro parecia ser a resposta para todos os meus problemas.

Estar mais acima na hierarquia da oferta de drogas não trazia tanto lucro, mas dava menos trabalho e fortalecia meu status no bairro. Depois de vender meu segundo quilo, logo investi em um terceiro, que dividi por gramas. Guardei um quarto de quilo como estoque e ensaquei dois oitavos. Se alguém pudesse comprar um dos oitavos de mim, meu status na quebrada teria disparado. Um garoto de 14 anos vendendo oitavos? Teriam me considerado uma criança-prodígio. Paguei 50 dólares por um bipe do tamanho de um maço de baralho e comecei a vender o máximo de coca que pude. A outra metade do tijolo foi dividida em oito bolas, pacotes de sete gramas e de 14 gramas. Eu os vendi com facilidade, embora tivesse que manter o bipe embaixo do travesseiro para minha avó não ouvir.

Uma vez, Chance me bipou muito, mas não pude responder porque minha avó estava ao telefone. Chance era um cara para quem eu tinha vendido alguns pacotes de sete. Tive que ir a um telefone público para ligar de volta porque não queria perder a venda. Não há lealdade à marca no jogo das drogas, é como a política de gotejamento: os noias vão comprar de quem estiver por perto ou de quem lhes oferecer o melhor preço. Se você der um desconto a um noia – como lhe vender uma pedrinha por nove dólares –, ele vai voltar a comprar de você, não porque seja leal, mas porque está procurando por uma pechincha. Se outra pessoa lhe der um desconto, ele vai esquecer de você antes de acender o cachimbo. Isso se chama "demanda e oferta". Acho que ensinam ao contrário na escola. Lá é "oferta e demanda", quando as empresas aparecem com um monte de merdas e as fornecem. Então, enganam as pessoas, fazendo-as pensar que precisam das merdas que estão oferecendo, criando, assim, uma demanda artificial. Só que as ruas entenderam direito: a demanda vem primeiro, e quem tiver o produto vai sair no lucro.

Em muitos aspectos, os traficantes são tão viciados quanto os noias. Contamos com eles para o nosso sustento. É como os políticos. A maioria deles não tem respeito nenhum por seus eleitores e se sente superiores a eles. Porém, quando chega a hora das eleições, eles estão à mercê dos eleitores.

Quando finalmente entrei em contato com Chance, ele me fez um monte de perguntas sobre por que demorei tanto para ligar de volta. Eu disse que minha avó estava ao telefone, mas ele pareceu não acreditar em mim. Ele continuou me fazendo perguntas até eu apelar: "Você quer a coca ou não?" Ele me respondeu que estava a caminho.

Quando Chance parou no parque onde eu o esperava, percebi que estava bravo. Estava com um cara que eu nunca tinha visto antes, sentado no carro e me olhando com muita atenção. Chance ficou olhando em volta e me perguntou por que eu tinha demorado tanto para retornar a ligação. Achei que ele fosse tentar me roubar, então coloquei a mão sob a camisa como se estivesse com uma arma na cintura. Eu nunca faria uma coisa dessas hoje em dia, porque, se alguém acha que eu tenho uma arma e na verdade não tenho, ele pode acabar atirando em mim quando nem mesmo pretendia. Uma pessoa assustada atirará em você duas vezes mais rápido do que uma pessoa zangada. Mas eu era jovem e burro.

"Você continua perguntando demais, mano", falei. Estava com a mão em uma arma invisível e gesticulando como se fosse puxá-la a qualquer segundo.

Eu vi os olhos do homem no carro se arregalarem. Chance recuou e disse: "Aquele último pacote estava leve, meu amigo".

Merda. Ele estava mesmo tentando me roubar. "Leve?", perguntei. "Que porra você quer dizer com 'leve'?"

"Eu comprei um quarto de onça de você", disse ele. "Era para ter sete gramas, mas só tinha seis."

"Mete o pé daqui, caralho", xinguei. Se eu realmente tivesse uma arma, provavelmente teria atirado ali mesmo. Eu estava sendo testado, e a maneira como conduziria a situação abriria um precedente. Se eu deixasse Chance passar por cima de mim, então era isto que eu seria na rua: aquele preto no qual você pode pisar. Tive que conduzir a discussão para onde eu estivesse em uma posição de poder, e tive que fazer isso rápido.

"Eu vendi quase quatro tijolos inteiros e ninguém disse nada", menti. "Você está tentando me enganar, mano? Vim até aqui para te dar a minha última onça, parte do meu estoque pessoal, e você tenta me enganar?"

Olhei por cima do ombro de Chance para o cara no carro e encontrei os olhos dele. Quando ele desviou o olhar, agi como se estivesse levantando a arma da cintura. "Cara, eu deveria…"

Chance levantou as mãos para proteger o rosto. "Calma, mano", ele pediu, olhando para o chão. "Só estou dizendo que o pacote estava leve."

"Fodam-se você e seu pacote leve", eu respondi e fui embora. Quando cheguei na esquina, olhei para trás e vi Chance discutindo com o cara no carro. Virei a esquina e corri até chegar em casa.

Passei aquela noite inteira tendo pesadelos de que estava sendo perseguido. Todo mundo estava lá: Carlos, Sincere, Brian, Chance, Rhonda – todos com quem eu lidava na rua. E todo mundo estava tentando me roubar e me matar. Em um dos sonhos, Carlos parecia decepcionado e ficava falando sobre confiança. "Como podemos fazer negócios como homens se não posso confiar em você?", perguntou. Ele ficava me perguntando por que eu não estava respondendo aos seus bipes. Eu dizia que não havia recebido nenhuma mensagem dele e mostrava meu aparelho. Tentava rolar os números na tela, mas estava quebrado, e apenas o número de Chance aparecia. Eu disse a Carlos que meu bipe estava quebrado e que por isso não retornei as ligações. Nunca cheguei a receber as mensagens. Então, ele me perguntou por que eu tinha apontado uma arma para ele.

"Arma?", perguntei. "Eu nunca apontei uma arma para você!", gritei.

Carlos estava olhando para baixo, e suas mãos estavam erguidas na frente do rosto. "Não é assim que homens fazem negócios, Boo-Boo", disse ele. Olhei para minhas mãos e vi que estava apontando o bipe para ele. Só que não era um bipe – era uma arma. Naquela época, eu nunca havia segurado uma arma de verdade e não tinha ideia de como ela tinha ido parar lá. Carlos estava na minha frente, congelado, falando sobre como homens fazem e não fazem negócios. Apontar armas um para o outro *não* era como homens faziam negócios, ele observou. "Achei que você fosse um homem de respeito, Boo-Boo", comentou ele. "Eu vejo que estava errado, você me decepcionou."

Quando Carlos disse isso, lembro-me de ter pensado: "Que merda. Agora eu tenho que atirar nele". Fui apertar o gatilho, mas a arma em minha mão começou a apitar. *Bipe! Bipe! Bipe!*

Bipe!

Bipe!

Bipe!

Então, eu acordei, meu coração palpitando forte no peito. Meu bipe estava tocando embaixo do travesseiro, e eu estava quase caindo da cama. Estendi a mão para pegar o bipe e vi que era Chance ligando. Quando liguei para ele no dia seguinte, ele quis saber se eu ainda tinha alguma coisa do meu "estoque pessoal" para vender.

Mesmo tendo passado em minha primeira prova de fogo no jogo das ruas, eu sabia que havia mais por vir. Só não fazia ideia de quando viriam ou do quanto me afetariam. Estava começando a entender o quanto aquele jogo era perigoso. Em nenhum momento, porém, olhei para a situação como um sinal de que eu deveria fazer outra coisa que não fosse vender drogas. Tudo o que percebi foi que precisava ser mais cuidadoso. Eu continuaria a vender drogas porque era a única coisa que eu sabia fazer e a única coisa que parecia fazer sentido. Eu não conseguia entender a ideia de passar mais seis anos estudando para ganhar menos dinheiro do que eu poderia ganhar em seis meses. Vi a violência iminente como parte do preço que teria que pagar para conseguir o que queria. Se eu tivesse escolhido estudar, teria que lidar com o dever de casa e as pessoas me dizendo o que fazer. E, mesmo assim, provavelmente teria menos do que os traficantes do bairro. Foi uma escolha simples, na verdade.

Achei que bastaria fortalecer minhas defesas no corre, mas não tive a chance, porque, nos dias seguintes, mais pessoas começaram a reclamar que meus pacotes estavam leves. Eu estava, tipo: "Que porra é essa?" Pensei que assustar Chance tinha sido o suficiente para me manter seguro, mas não foi.

Fui até a casa do Brian para contar o que estava acontecendo. "Os caras estão te sacaneando porque você é um moleque", ele disse. "Se você for cagão, eles sempre vão tentar te foder." Ele pegou a mesma balança mecânica que usamos para pesar minhas partes de coca e colocou sobre ela alguns pacotes que ele havia ensacado. Todos eles estavam nos conformes. "Ninguém nunca veio me falar dessa porra de 'pacote leve'", explicou ele. "Mas eu já estou no jogo faz tempo." Aquilo foi a gota d'água para mim. Coloquei na cabeça que aqueles putos estavam tentando me zoar. Decidi que pegaria uma arma com o Velho Dan assim que terminasse de vender o resto do tijolo.

Quando cheguei em casa, peguei o tio Star saindo do meu quarto. Achei estranho, porque ele nunca deu muita bola para mim, ainda mais a ponto de entrar no meu quarto para me procurar. Mas nem parei para pensar nisso. Eu só queria pegar um oitavo do quilo e voltar correndo para a casa de Brian para prepará-lo. Eu deixaria toda a administração do meu negócio em segundo plano até que pudesse pagar por alguma segurança. Quando abri meu armário, vi que a tampa da caixa de tênis onde eu guardava o produto ensacado não estava bem fechada. Aquilo fodeu com a minha cabeça, porque sempre escondi aquilo embaixo de um monte de livros de colorir e brinquedos que eu tinha desde criança. Eu tinha que mover um baú cheio de soldados verdes, robôs quebrados e carros de controle remoto toda vez que queria chegar ao esconderijo. Porém, o baú tinha sido empurrado para o lado, e a caixa de tênis não tinha sido fechada direito. De repente, tudo fez sentido.

Já fazia um tempo que pequenas coisas andavam desaparecendo lá de casa. Meu avô sempre dizia que faltavam 20 dólares de sua carteira e não conseguia se lembrar onde tinha gastado o dinheiro. Ele dizia que ou estava ficando caduco ou o presidente Bush havia aumentado os impostos da noite para o dia. Minha avó estava um pouco mais desconfiada e chegou até a me perguntar se eu não estava tirando dinheiro de sua cômoda. Tive vontade de dizer: "Tenho dez pares de tênis e mais roupas do que posso esconder de vocês na casa de Ray-Ray", mas eu não podia dizer isso. Ela sabia que algo estava acontecendo comigo, então começou a ficar de olho em mim, monitorando minhas ligações e fazendo mais perguntas. Ela até começou a trancar a porta de seu quarto. Nunca vou esquecer o jeito como ela me olhou no momento em que parou de confiar em mim. Doía saber que ela pensava que eu era um ladrão, e isso quase me fez contar tudo, mas não contei. Eu não tinha nenhuma resposta para ela.

Olhando para o meu baú empurrado para o lado e a tampa da caixa de sapatos fora do lugar, tive todas as respostas de que precisava. Eu sabia que Star estava usando mais drogas do que qualquer outra pessoa da casa. Eu sabia que ele havia chegado a um ponto em que não conseguia se divertir nos fins de semana sem ficar chapado. Mas eu não tinha ideia de que ele realmente tinha se tornado um viciado a ponto de roubar a casa. Fui para a sala, onde Star estava assistindo televisão, e perguntei o que ele tinha ido fazer no meu quarto. Ele respondeu: "Eu estava procurando uma caneta. Precisava anotar um negócio".

Eu fiquei, tipo: "Como é que é?" Eu nunca tinha visto esse filho da puta escrever nada na minha vida. Eu me coloquei entre ele e a televisão. "O que você teve que anotar? Não estou vendo nada anotado." Eu realmente precisava ouvir a verdade da boca dele; queria que ele confessasse os roubos. Mesmo que ninguém estivesse lá para ouvir, mesmo que isso não mudasse a maneira como minha avó estava me evitando, eu precisava ouvir a verdade.

Ele se levantou e me empurrou com força para o outro lado da sala. De repente, me vi caído no chão, cheio de porcelana quebrada em volta. Decidi que não precisava ouvi-lo dizer o que tinha feito, eu só queria matar o cara. Me levantei em um pulo, agarrei o grande garfo de madeira que estava pendurado na parede e comecei a bater nele com aquilo.

Pá! Eu realmente estava tentando matar esse bosta. *Pá!* Ele fez todo mundo achar que eu era ladrão. *Pá!* Os filhos da puta na rua poderiam ter me matado. *Pá!* Ele não tinha que confessar. *Pá!* Eu ficaria tão feliz em matá-lo. *Pá!* Ele estava tão fodido que nem conseguia revidar. No último golpe, o garfo partiu ao meio. *Creck!*

Cynthia entrou correndo na sala para apartar a briga. Subi até meu quarto, peguei minha caixa de sapatos e saí. Quando pesei tudo de novo na casa de Brian, vi que aquele fodido do Star estava mesmo muito fissurado em crack. Ele abriu cada pacote, tirou um pouco e fechou de volta. Devia ter tirado cerca de cem gramas de cocaína do quilo. Também estava faltando um pacote inteiro de sete gramas. Eu teria ficado puto, mas estava muito ocupado, me cagando de medo – eu não tinha ideia de como ia sair daquilo. Se os caras que tinham comprado os pacotes leves pensassem que eu estava enganando todo mundo de propósito, eles poderiam me matar. Eu nem queria pensar no que aconteceria se Carlos pensasse que eu estava brincando com o dinheiro dele. Na verdade, eu tinha apenas menos de um oitavo do quilo em minha posse, e aquilo não dava nem para pagar minha dívida com Carlos. Mesmo que eu vendesse tudo, ainda ficaria com um déficit de mil dólares do pagamento da consignação. Ter gastado todo o meu dinheiro em tênis e moletons não ajudou em nada.

Decidi vender a maior parte do pó para ter meu bom nome de volta. Se eu não recuperasse minha reputação diante das pessoas com quem estava trabalhando, não só não seria capaz de ganhar dinheiro, como minha vida não valeria merda nenhuma na boca. No início, resolvi encher os pacotinhos até o talo, mas então Brian me disse que aquilo seria o mesmo que admitir que eu estava errado, e estar errado é ser fraco. "É melhor você dar de graça, se quiser fazer isso", ele disse. "Porque os caras vão te derrubar se você demonstrar fraqueza." Então, vendi o pó puro com peso normal e guardei três gramas e meio para mim. Cozinhei os três gramas e meio, dividi em pinos e os vendi um por um. Quando terminei, reinvesti o dinheiro e peguei sete gramas de Brian. Cozinhei esses gramas e vendi em dois dias. Então, peguei 14 gramas, que transformei em 125 gramas em mais seis dias. Passei esse tempo todo na boca, não fui para casa em nenhum momento.

Brian disse à minha avó que ele estava cuidando de mim depois da briga com Star, e ela deixou por isso mesmo. Era verão, e eu tirava um cochilo em um banco da rua ou na grama quando ficava cansado. Só saía da boca para ir à casa do Brian para pegar mais e cozinhar. Eu nem deixava os blocos de crack secarem, cortava tudo em pedaços enquanto ainda estavam macios como sabão úmido. Estava desesperado, minha pele estava grossa de suor e sujeira a ponto de me sentir preso em mim mesmo. Eu fedia tanto que torcia o nariz toda vez que dava uma cheirada em mim mesmo. Estava focado demais para perceber que eu não estava nos eixos. Eu estava tão ocupado tentando salvar meu pescoço que, por um curto período, não percebi que havia pouquíssima diferença entre mim e os noias para quem eu vendia drogas. Mesmo assim, em duas semanas, levantei todo o dinheiro que devia a Carlos e um pouco mais. Só consegui me dedicar porque sabia que eu tinha que recuperar aquele dinheiro.

Essa foi uma grande lição para mim. A partir daí, aprendi que não se pode confiar em ninguém no negócio das drogas, nem mesmo na família. Até hoje, Star e eu não falamos muito sobre ele ter afanado meu estoque. Ele pode não ter percebido na hora, mas estava praticamente armando para eu ser morto. Como é possível perdoar uma coisa dessas? O que você diria? "Você quase me matou, mas agora deixa pra lá"? "Entendo por que isso aconteceu e te perdoo"?

Que nada. Não passa assim tão fácil.

CAPÍTULO 7

"MINHA HABILIDADE DE CONTROLAR A RAIVA DURANTE UM CONFRONTO ERA MINHA VANTAGEM…"

Depois de todo o drama com Star e Chance, comecei a lutar boxe. Havia um traficante mais velho chamado Freedom – que morava nos conjuntos habitacionais Biasley – que abriu uma pequena academia ali perto. Freedom me lembrava do meu tio Trevor – era um cara mau, mas era um bom cara mau. Ele tinha um Toyota 4Runner com um interior customizado da Gucci e um par de jet skis engatados na parte de trás, mas também investia em uma academia para que as crianças do bairro tivessem algum lugar para ir além da esquina.

As crianças sacam as coisas rápido e sempre querem fazer tudo o que veem na TV. Se tem ginástica passando, a criança vai querer fazer ginástica. Se tudo o que passa é o *Super-homem*, a criança vai querer voar. Se ela assiste a um programa com muita luta, essa criança vai correr pela casa imitando toda aquela merda. Então, a mãe a coloca na escola de caratê ou algo assim, porque a criança teve essa ideia assistindo à TV.

Na escola de caratê, a molecada aprende mais do que apenas socar, chutar e todo o resto. É por isso que elas começam no esporte – pelos benefícios físicos. Elas começam porque querem fazer o que viram na televisão, mas não é tão fácil – é preciso treinar duro. Tem que fazer o "encerar com o braço direito/encerar com o braço esquerdo" por um tempo, fazer a mesma coisa repetidamente. Se persistirem, isso lhes dará disciplina. Foi isso o que o boxe fez por mim. Ele me impedia de ficar com raiva quando brigava.

Eu era grande para a minha idade, tinha mais de 68 quilos aos 14 anos quando comecei a lutar boxe. As lutas eram determinadas pelo peso, não pela idade, e não havia meninos de 14 anos lutando, então quase sempre eu me via enfrentando adolescentes bem mais velhos. No ringue, idade e status não importavam. O moleque mais descolado da rua e o zé-ninguém que nunca saía de casa significavam a mesma coisa, contanto que pertencessem à mesma categoria de peso. O boxe era o grande equalizador e era o único esporte em que eu não tinha ninguém para culpar pelo meu sucesso ou fracasso além de mim mesmo. Eu gostei daquilo.

Não vou mentir: no início, meus oponentes sempre levavam a melhor. Eu caía como se tivesse gravidade extra sobre mim. Então Sammy, meu treinador, me disse algo que não fazia sentido para a mente lógica, mas deve ter criado raízes em algum lugar dentro de mim porque mudou todo o meu jogo: "No ringue, o coração é tudo", disse Sammy. "Mas a técnica é mais importante que o coração."

Assim que botei na cabeça que o jogo era tanto psicológico quanto físico, as coisas mudaram. Aprendi que boa parte de qualquer coisa física neste mundo é a sua reação mental. Mike Tyson só foi capaz de vencer muitos de seus oponentes no início porque ele convenceu o mundo de que ninguém poderia vencê-lo. Assim que alguém se inscrevia para lutar com Mike Tyson, até a própria mãe da pessoa desistia dela, tipo: "Você vai lutar contra o Mike? Ai, ai! Bem, talvez ele não vá te machucar *tanto*". Então, até o próprio lutador passava por maus bocados porque ele já entrava na luta achando que não poderia derrotar o Tyson. Até que Tyson foi derrotado, e outros começaram a desafiá-lo. Agora ele está passando por um momento difícil, mas antes, quando ele tinha o coração de todos nas mãos, era o cara mais assustador do mundo. Então, aprendi a ignorar as ofensas do meu oponente e esconder minhas emoções.

Eu ainda perdia. Mas comecei a entender como e por que estava perdendo. Eu era como um cientista analisando a luta de um local remoto dentro da minha cabeça: *Veja, ele está golpeando com a esquerda já faz um minuto. Está tentando tirar você da direita dele. Está poupando energia. Antes de vir com a direita, vai fazer aquele movimento engraçado com o ombro esquerdo. Sempre faz isso.*

Bam! Bem na minha cara.

Certo, ele fez exatamente o que você pensou. Você está nas cordas agora, mas tudo bem. Você só não foi rápido o suficiente.

Eu analisava muito minhas lutas enquanto estava nas cordas. Às vezes, analisava do chão também, mas tudo bem, eu estava melhorando.

Minhas estratégias estavam surgindo mais rápido do que minha capacidade de executá-las, mas eu estava de boa com isso porque sabia que me tornaria mais rápido com a prática. As lutas diárias acabaram tirando as emoções que antes vinham com a luta. E vi que, quanto mais conseguia controlar minha raiva, mais eu melhorava.

Quando eu estava no ringue, todos os meus problemas e preocupações diminuíam. Minha rixa com Star, as mentiras para minha avó, minhas preocupações sobre ser passado para trás na boca – tudo se incorporava ao meu oponente. Quando eu lutava, tinha alguém na minha frente, e minha intenção era machucar aquele homem. Mas, quando levava uma porrada na cabeça, comecei a perceber que minha raiva vinha mais dos problemas externos do que do fato de ter perdido a luta. Aprendi a controlar as emoções no ringue e a investir menos em machucar meu oponente. Antes de lutar boxe, era mais provável que eu brigasse como um louco. Eu reagia mais pela emoção do que por estar consciente dos movimentos do oponente, e isso me tirava do foco. Percebi que, se me controlasse e ficasse calmo o suficiente, todo o resto se encaixaria dentro e fora do ringue. Pude lidar com meus problemas pelo que eles eram, sem que meus sentimentos tomassem conta de tudo.

A academia se tornou minha terceira casa. Quando eu não estava enrolando na escola, estava treinando na academia ou vendendo crack na boca. Não demorou para eu começar a brigar com qualquer um na rua, até mesmo os caras que achavam que não deveriam ser enfrentados. Eu já tinha lutado contra caras mais velhos que eu, que me subestimaram e falaram merda, então as táticas normais de intimidação que os caras usam nas ruas não me afetavam mais. Quando brigava na rua, era porque eu escolhia brigar. Se alguém falasse merda para mim, eu apenas pensava: "Tudo bem, vamos lutar". Não me importava de entrar em uma briga porque, de qualquer maneira, eu estava muito acostumado a levar porrada na academia.

Na verdade, eu me saía melhor nas ruas do que no ringue. Na academia, eu ficava cara a cara com lutadores mais talentosos e que sabiam o que estavam fazendo. Os caras da rua não tinham técnica. Aprendi alguns truques em minhas brigas de rua, mas na maioria das vezes vencer na rua me deu confiança no ringue. Isso começou um ciclo importante, porque minha confiança nas vitórias da rua levou a mais vitórias no ringue. E, quanto mais eu ganhava no ringue, mais brigava nas ruas. À menor infração, eu estava socando o rosto de alguém. A partir daquele primeiro soco, se o mano quisesse ir para outro nível e começar uma luta de verdade, eu o deixava dar um ou dois golpes. Quando um cara não tem treinamento de verdade, é fácil notar suas manias e fazê-lo pagar por seus erros.

Ele deixa a guarda cair sempre que quer acertar a minha cabeça. Da próxima vez que ele bater na minha cabeça, vai baixar a guarda, e vou dar um soco nele. Quando ele estiver com a guarda aberta, vou usar minhas técnicas. Vou chutar a porra da cabeça dele e fazer ele vazar daqui. Estamos na rua. Não tô nem aí. Não há regras.

Minha técnica era minha espada, mas minha habilidade de controlar a raiva durante um confronto era minha vantagem. Quanto mais calmo e confiante eu ficava, mais lutava. Quanto mais eu lutava, menos era atingido. Quanto menos eu era atingido, mais gente levava porrada na cabeça. Quanto mais gente levava porrada na cabeça, mais calmo e confiante eu ficava. Depois de cerca de seis meses, espalhou-se a notícia de que era melhor me deixar em paz. As pessoas falavam: "Aquele cara pode ser parrudo, mas ele é rápido."

CAPÍTULO 8

"FOI O MAIOR DESGRAÇADO QUE O JOGO DAS DROGAS JÁ CRIOU..."

O Padrinho ainda controlava grande parte da distribuição de drogas de alto nível em meu bairro e estava transformando seu império em um negócio de família. Ele tinha três filhos, Derrick, Shawn e Jermaine.

Derrick era o mais velho e um figurão, principalmente devido à influência do pai. Ele ficou com o papel de gerente – ou seja, poderia muito bem te dizer o que fazer e receber ainda mais crédito por isso. Contudo, era só para isso que ele servia – seu único status era ser próximo dos ouvidos e do coração do Padrinho. Mas o Padrinho não era idiota, ele confiava em Derrick para fazer apenas três tipos de coisas: as mais fáceis, as menos importantes e aquelas que eram realmente desnecessárias, mas que poderiam ser consideradas altamente importantes se você fosse um sem-noção. Em resumo, Derrick era um garoto de recados de luxo.

Shawn era o filho do meio. Não vou dizer que ele gostava muito do sistema penal, mas posso dizer que ele facilmente atribuiu ao destino o fato de ter passado mais dias atrás das grades do que sob o sol. Ir para a prisão não parecia incomodá-lo nem um pouco. Em sua mente, ele achava que morava na prisão e que visitava sua casa por alguns meses de vez em quando. Quando seus breves momentos em casa eram interrompidos por uma prisão e ele tinha que voltar para a vida no xilindró, ele pensava: "Foda-se". Acho que essa era sua frase favorita: "Foda-se". Não sei se ele dizia isso para se enganar ou para mentir às pessoas a seu redor. Shawn dizia isso encolhendo um pouco os ombros e continuava o que estava fazendo. Se voltasse para a cadeia por violação da condicional, depois de estar em casa por apenas seis meses, ele ficava, tipo: "Foda-se". Quando descobriu que os federais não permitiriam que sua sentença estadual fosse executada simultaneamente com sua liberdade condicional, e que ele seria mandado de volta ao Alabama depois de cumprir três anos em Nova York, ele disse: "Foda-se".

O mais novo era Jermaine, mas todos o chamavam de Red, porque ele tinha a pele clara e os cabelos queimados de sol. Talvez Derrick e Shawn tenham feito o Padrinho se perguntar se ele tinha a habilidade de produzir filhos que herdassem um pouco de seu espírito, mas Red havia saído ao pai em todos os sentidos. Enquanto Derrick ostentava e Shawn era indiferente, Red era empreendedor e visionário – e foi o maior desgraçado que o jogo das drogas já criou. Depois de voltar para casa após uma breve passagem pela prisão, Red fechou a boca e assumiu o controle total de *tudo*. E não apenas da boca. Ele também monopolizou o negócio do crack em Rochdale Village, um enorme conjunto habitacional no lado leste do Boulevard. Rochdale consiste em quase seis mil unidades de apartamentos e contém um complexo comercial próprio. Os traficantes comuns sonham com esse tipo de negócio. Mas Red não era um traficante comum.

A primeira coisa que ele fez foi vender pinos roxos, os maiores e os piores pinos disponíveis. Isso tornava difícil vender qualquer coisa na boca porque, uma vez que os noias se deparavam com um monte de pinos roxos, todo o resto parecia um roubo. A segunda coisa que fez foi limpar a concorrência do jeito antigo. Isso dificultou a venda de qualquer outra coisa na área porque, bem, se você tentasse vender qualquer coisa que não fosse roxa, provavelmente levaria um tiro.

Ao contrário de quase todo mundo, Ray-Ray e eu fomos avisados para não vender mais pedras. "Quem disse que vocês podem fazer o corre por aqui?", Red nos perguntou. Nós ficamos, tipo: "Quê? O que você quer dizer com isso? Alguém precisava nos dizer que podíamos ou não fazer o corre? Estamos em um país livre, porra". Não acreditamos na coragem daquele cara, chegando do nada e nos dizendo o que fazer, como se fosse o presidente do Boulevard. Pensamos que o cara fosse louco, tipo: "Não deixamos de ser um país livre só porque você foi preso. Você não estava na prisão hoje de manhã?" Claro que não dissemos porra nenhuma. Red já era um filho da puta psicopata quando entrou para o corre, e as chances de ele ter amadurecido atrás das grades eram quase nulas, provavelmente negativas. Dissemos a ele que sairíamos da boca, mas em nossa cabeça pensávamos: "Vamos fazer o corre bem aqui, como estávamos fazendo enquanto ele estava de férias com o rabo nas montanhas".

Eu não tinha muita escolha. Depois de meus desentendimentos com Chance e Star, passei a pegar em consignação apenas a quantidade exata de cocaína pura que eu sabia que poderia fazer girar. Carlos não tinha tempo para perder com peixes pequenos, então voltei a traficar oitavos e a vender em pequenas quantidades. Só que agora o Red estava tentando acabar até com isso. "Ei, moleque, não pode mais fazer o corre aqui, não", ele disse. "Quer fazer o corre? Vai ter que pegar os pacotes comigo. O único corre permitido aqui é o dos pinos roxos."

Eu fiquei, tipo: "Nem fodendo". Nem fodendo eu ia levar os pacotes. Comprar crack no pino era um passo para trás na cadeia alimentar e eu não estava disposto a andar para trás. Claro que eu não disse merda nenhuma. Mantive a boca fechada e continuei distribuindo minhas pedras.

Alguns dias depois, Red apareceu de novo. Enquanto ele vinha em nossa direção, nós apenas ríamos, tipo: "Eu te falei para não vender nessa área". Estávamos zombando dele, mas não de uma maneira que ele conseguisse ouvir. Não havia nada de engraçado na situação, mas a coisa toda era realmente absurda. Como um cara recém-saído da prisão podia chegar do nada e nos dizer onde podíamos e onde não podíamos fazer o corre? Não fazia sentido, porra. Ray-Ray disse: "Olha, aí vem ele. Ele vai falar pra gente sair daqui". Eu respondi: "Ele não vai me falar porra nenhuma". Eu tinha razão, ele não disse nada. Apenas se aproximou e acertou um golpe direto no meu peito. Meus ombros se fecharam um no outro como um livro que foi fechado com força, e eu caí. Caí feio.

Quando as manchas pretas desapareceram da minha visão, Ray-Ray estava no chão ao meu lado, e Red estava se afastando, resmungando que ele tinha nos avisado para não fazer mais o corre ali. Havia um monte de gente por perto, ninguém disse nada. "Você sabe o que isso significa?", Ray-Ray me perguntou depois que ele se levantou e estava tentando voltar a pensar direito.

"Sim", respondi. "Da próxima vez que ele vier, vamos ter que dar no pé."

Foi assim por cerca de uma ou duas semanas – a venda, a corrida, a tentativa de se esquivar, os socos, a tontura. Cada vez que nos pegava, as surras ficavam um pouco mais brutais – nada devastador a ponto de causar qualquer trauma real, apenas alguns galos. Mesmo treinando boxe, não havia nada que eu pudesse fazer em relação ao Red. Quando se tratava de briga, eu tinha medo dele; a briga acabava antes de começar. Começamos a lidar com o Red como se ele fosse a polícia: "Se ele não nos vê vendendo nada, então não estamos vendendo nada". Mas não fugíamos, porque correr era como admitir a culpa. Achávamos que poderíamos continuar a vender nossas pedras na surdina, contanto que ficássemos calmos quando Red aparecesse. Até que funcionou. Mais ou menos.

Era uma ilusão achar que a gente podia enganar o Red. Ele era maldoso pra caralho, e inteligente pra caralho. Só começamos a ver o quanto ele era inteligente quando um dia estávamos na boca, supostamente não fazendo o corre, e Red estava do outro lado da rua com John-John, meio-irmão de Ray-Ray. Era como se ele estivesse vigiando a área, esperando para ver quem tinha coragem de traficar qualquer coisa que não fosse pino roxo. Passamos metade da tarde sem vender nada. Red ia achar que estávamos jogando de acordo com suas regras e nos deixaria em paz. Depois de um tempo, John-John se aproximou e perguntou ao Ray-Ray o que ele estava fazendo.

"Estamos…"

Pou!

Antes que Ray-Ray pudesse responder, ele já estava voando pelos ares. Então John-John atravessou a rua de volta. Recebemos a mensagem em alto e bom som: o cara que colocava o próprio irmão no chão não estava de brincadeira. Tomei a decisão de vender os pinos roxos antes mesmo de Ray-Ray chegar ao chão. Que merda. Ainda tentamos vender nossas pedras em paralelo, mas não fazia sentido. Corria o boato de que os pinos roxos entupidos de droga tinham o melhor custo-benefício para a grana dos noias. Nenhum viciado em crack desperdiçaria dinheiro comprando qualquer outra coisa. Ele ficaria insultado e olharia para o traficante como se ele estivesse tentando roubá-lo se lhe oferecessem qualquer coisa que não fosse o melhor. Eles são bem seletivos.

"FOI O MAIOR DESGRAÇADO QUE O JOGO DAS DROGAS JÁ CRIOU…"

Alguns dos outros traficantes tentaram competir e se saíram bem vendendo *illusions*. Os *illusions* eram pinos com fundo cônico, tampas mais longas e vidro mais grosso. Os compradores tinham a "ilusão" de que estavam levando mais pedra do que de fato estavam. Mas tudo isso acabou quando Junior apareceu com seu bando do Brooklyn. Depois que Junior e seus parceiros começaram a meter bala nos outros, ninguém mais vendia nada além de pinos roxos. Foi quando Ray-Ray e eu percebemos que tínhamos tido sorte, pois só levamos umas porradas.

Enquanto cumpria pena no interior do estado, em Elmira, Red bolou um plano de trazer armas de fora. Como a maioria das penitenciárias, Elmira era um lugar onde os presos se aprimoravam como criminosos. Red conheceu o Junior no pátio, e eles rapidamente se tornaram amigos devido à reputação dos dois nas ruas. A crescente lenda do Padrinho no jogo da cocaína já havia se espalhado por cinco bairros, e Junior já era bastante conhecido como assaltante. Red percebeu que, se tivesse algumas armas como as de Junior, poderia se tornar realmente grande quando voltasse para casa. Junior só ia cumprir mais alguns meses de pena e gostava de pensar grande. Com as pistolas de Junior e as regras rígidas de Red, a boca seria dominada por eles.

Uma pessoa está mais propensa a entrar na linha quando um desconhecido está com uma arma apontada para ela. Se um rosto familiar aparece com uma arma, há tempo para uma conversa: "Por que você está apontando isso para mim? Achei que estava tudo bem entre nós". O que na verdade é tempo suficiente para se levar um tiro. Se alguém está tão fodido da cabeça a ponto de apontar uma arma para alguém que conhece, provavelmente está fodido o suficiente para atirar naquela pessoa. Mesmo que não pretenda atirar, todas as perguntas podem levar o cara ao limite, tipo: "Por que você está me perguntando todas essas merdas?" Mas, quando um estranho aponta uma arma para alguém, presume-se que o cara com a arma vai atirar. Se ele for uma variável nessa equação, é melhor não contar com a sorte: ele tem uma arma, ele vai atirar.

Dito isso, o bando de Junior começou a fazer disparos regularmente na boca. Alguns traficantes se recusavam a ser roubados em seu próprio território. Da mesma forma que é difícil vencer uma guerra quando se luta em território inimigo, o orgulho que se tem do próprio território causou um excesso de violência na boca. Ainda assim, Junior não demorou muito para dominar as coisas. A maioria dos traficantes conhecia a reputação dele e não ousaria testá-lo. Quando Junior apareceu com seu bando, todos os que não trabalhavam para Red perderam o dinheiro e o trabalho. Foi então que os dias que Red passou monitorando a área começaram a fazer sentido: ele estava fazendo a vigilância. Ele deu a Junior todas as informações: quem guardava o dinheiro, onde o produto ficava escondido, em quem atirar primeiro se alguém reagisse. Quando o bando de Junior chegava, era capaz de neutralizar qualquer conflito em potencial antes que tivesse a chance de acontecer.

Quando algo realmente esquentava, em pouco tempo o problema era resolvido. Eles levavam a sério sua estratégia assassina, e o bando tinha a vantagem de poder fugir de volta para o Brooklyn enquanto os traficantes continuavam sendo alvos fáceis. Foi uma causa perdida para os traficantes, e, depois de algumas semanas, não havia nada girando na boca a não ser os pinos roxos. E, uma vez que não havia nada girando na boca além dos pinos roxos, todo o complexo habitacional de Rochdale entrou na linha. Os pinos roxos eram uma pechincha tão grande que os viciados do Boulevard começaram a recomendar que o pessoal das ruas 40 a 49 e do conjunto Baisley comprasse na boca. Alguns dos noias até se mudaram para lá, porque não fazia sentido ficarem indo de um lado para o outro o dia todo. Eles simplesmente ficavam lá o tempo inteiro, vendendo coisas, implorando por dinheiro e se drogando com aqueles pinos roxos. Esse é o mundo em que eu vivia, essa era a minha realidade.

Red estava sentado em um banco no Guy R. Brewer Boulevard, no lado de Rochdale. Seus três carros – um Nissan Maxima, um Ford Bronco e uma Ferrari 308 GTS – estavam estacionados na frente dele. Quando me chamou, fiquei com medo. Red era o único que movimentava muito crack do nosso lado, de modo que o preço da coca pura havia caído para atrair a concorrência. Alguns dias antes, eu e Ray-Ray tínhamos decidido cozinhar nossas próprias pedras e enfiá-las em cápsulas roxas. Achei que Red se tocaria do que estava acontecendo assim que soubesse que não aparecíamos há quase uma semana.

"Chega aí, Curt". Ele sempre me chamava pelo meu nome de verdade. "Vocês não podem mais fazer essa merda", ele ordenou. Tentei brincar como se não soubesse do que ele estava falando, mas fui ignorado.

"Não vou mais botar vocês pra correr", disse ele, mas na verdade ele queria dizer: "Estou fingindo que não sei o que está acontecendo, porque, se eu reconhecer que você está mentindo na minha cara, terei que tomar uma atitude que realmente não quero tomar". Quando me encarou, quase parecia que estava implorando. "Não vou mais botar vocês pra correr, seus filhos da puta", ralhou. "Agora vocês podem começar a correr do Junior."

Eu sabia que Red falava sério, mas não foi isso que me fez voltar para debaixo da asa dele. Eu tinha um monte de crack nas minhas gavetas, mas não fazia mais sentido vender meu próprio produto. Eu vinha distribuindo os pinos roxos falsos desde o início da semana e não estava vendo nenhum lucro, mesmo com o desconto que tinha na compra da coca. Na verdade, quando calculei todo o trabalho e as despesas, parecia que estava perdendo dinheiro. Eu disse a Red que não entendia como ele conseguia ganhar dinheiro colocando tanto crack em cada pino.

Ele explicou que o jogo não tinha nada a ver com tentar lucrar com o produto a qualquer custo, mas sim com o dinheiro girando rápido. "Você não ganha dinheiro com os noias", ele explicou. "Você ganha dinheiro girando o produto. Quanto mais produto você movimenta, mais dinheiro passa pelas suas mãos. Quanto mais dinheiro passa pelas suas mãos, mais dinheiro você ganha."

Eu ainda não havia entendido. Eu tinha entendido a parte sobre ganhar mais dinheiro com base em mais dinheiro passando pelas minhas mãos. Essa parte era simples. Mas o resto não fazia sentido. Se eu não pudesse lucrar com alguns pinos, como é que vender mais pinos sem lucro me traria dinheiro? Só vi que me tornaria uma organização sem fins lucrativos. Minha mentalidade era que você tinha que ganhar tanto dinheiro quanto pudesse, e isso só seria possível cobrando o máximo possível por unidade.

Red me disse que eu estava trabalhando com um modelo de negócios falho: "Você tem que acabar com a concorrência oferecendo um produto melhor. Depois de destruir a concorrência, você pode concentrar esforços em expandir seus negócios". Ele falou como se tivesse passado muito tempo lendo na prisão. Parecia que toda vez que alguém ia para a prisão por um bom tempo, voltava com um vocabulário totalmente novo, e não apenas gírias. Os filhos da puta iam para a prisão e voltavam falando do orgulho negro e contra o racismo. Ou voltavam religiosos, citando capítulos e versículos do Alcorão ou da Bíblia. Um cara que eu conhecia voltou budista. Red voltou formado em Economia.

"Existem apenas três modos de aumentar o seu negócio", ele disse. "Primeiro, você pode aumentar seu número de clientes. Porém, mais cedo ou mais tarde, chegará à saturação do mercado. O mercado já não te dará lucro. Tipo, você não pode vender fotos para um cego. Quando você olha o mercado atualmente, tudo o que vê é a saturação do mercado. Isso nos deixa com os outros dois modos de fazer o negócio crescer: aumentar a venda média por cliente ou aumentar a quantidade de vendas por cliente… quer dizer, o número de vezes que esse cliente vai voltar para fazer uma compra. Agora, é difícil aumentar a venda por cliente, porque um noia que vem por 10 quer 10, e um noia que vem por 20 quer 20. Se você diminuir a quantidade ou a qualidade do produto para aumentar seu lucro por venda, vai perder a clientela. Noias podem ser noias, mas não são idiotas. Eles são caçadores de pechinchas. Um homem sábio e empreendedor como eu tem que oferecer o maior e o melhor produto disponível, o que dará um resultado financeiro maior em uma forma tangível, ou seja, clientes recorrentes. Quando eu combino essa abordagem estratégica a uma base de receita multinível, como descontos para quem compra mais e bônus de desempenho para os funcionários etc., crio uma força de trabalho empenhada no sucesso da minha empresa. Quanto mais eles vendem, mais eles ganham. Quanto mais eles ganham, mais eu ganho. É bem simples."

Ele olhou para mim como se eu tivesse entendido tudo, mas eu não fazia ideia da merda que ele estava explicando. Mas eu podia ver aqueles carrões na minha cara. Antes disso, eu nunca tinha visto uma Ferrari ao vivo. Uma Ferrari era algo que você via em uma revista ou na TV, não na quebrada. Eu sabia que Red tinha estado em Elmira menos de três meses antes, então sabia que *algo* estava acontecendo. Porém, quando ele abriu a boca, tudo o que ouvi foi: "Eu disse a vocês, seus filhos da puta, para pararem de fazer o corre. Se vocês continuarem traficando suas próprias pedras, vou deixar o Junior atirar em vocês. Te chamei aqui pra dizer isso. Só estou dando uma aula de economia do gueto para foder com sua cabeça".

Red pegou um saco de papel pardo amassado que estava ao lado dele e o colocou na Ferrari. Ele me disse para entrar. Fomos até o conjunto habitacional Baisley, onde vender drogas era mais um movimento político do que um negócio ou um jogo. Baisley era comandado pelos Faraós, membros da Nação de Reis e Rainhas – uma religião baseada no Egito à qual muitos caras tinham se convertido na prisão. Na cadeia, ser um Faraó significava recrutar força e segurança em massa. Quando os Faraós voltavam para casa, eles apenas aplicavam nas ruas o que a religião tinha lhes ensinado. Eles alegavam que eram descendentes de reis indevidamente banidos do poder e escravizados pelo homem branco e que haviam sido expulsos de sua terra milhares de anos antes de Cristo, um homem negro que caminhou sobre a Terra. Eles diziam que os Estados Unidos eram uma Babilônia dos tempos modernos e que, para ganhar a vida aqui, eles tinham que conquistar poder econômico. O fato de venderem crack para seu próprio povo não importava, pois os fins justificavam os meios. Muito disso era bobagem e pseudociência, mas, para garotos que precisavam de alguma coisa, qualquer coisa, para ter uma sensação de pertencimento, isso dava muitas respostas.

Quase chegando em Baisley, vi garotos falando em grandes walkie-talkies no topo dos prédios. Quando chegamos ao pátio do conjunto pela Guy R. Brewer Boulevard, havia um grupo de Faraós esperando por nós. Os caras mais importantes estavam em um jogo de dados, mas havia uns seis caras mais jovens parados ao redor deles da mesma forma que agentes do Serviço Secreto se posicionam ao redor do presidente.

Red nem ligou para a segurança e partiu para o jogo de dados. Tirou um maço de dinheiro do saco pardo e me entregou o saco. Red lançou os dados e começou a receber o dinheiro. No início, ele estava ganhando deles por 20 contos. Depois, 50. Cada vez que o Red rolava os dados, ele ganhava. Apesar disso, a maioria dos Faraós e seus asseclas se recusava a desistir. A lógica dos dados diz que o único dinheiro que se pode ganhar é o dinheiro apostado. Sofrer uma sequência de derrotas inevitavelmente dará lugar à vitória, mais cedo ou mais tarde.

Porém, depois que Red ganhou mais algumas mãos, três dos Faraós decidiram que era melhor perder dinheiro do que perder a reputação. Eles saíram do jogo, e Red me entregou um bolo grande de dinheiro para colocar no saco. Isso realmente irritou os caras. "Deixa a gente ganhar um pouco do nosso dinheiro de volta, irmão", disse um deles. Ele estava falando com o Red, mas olhava para mim.

"Bem, os 'reis poderosos' aí vão ter que ganhar alguma partida primeiro", brincou Red. "Não é verdade, Curt?"

Consegui limpar a garganta e responder com a voz fina: "U-hum". Saiu muito mais fraco do que eu pretendia, mas o que eu podia fazer, cacete? Achei que Red havia perdido a noção. Toda a sua conversa anterior sobre como ganhar mais dinheiro obtendo menos lucro parecia se encaixar na minha teoria: Red estava louco. Eu não conseguia entender como ele podia pegar o dinheiro desses caras, ofender a religião deles e depois me pedir para endossar sua loucura. Não mesmo.

"Fiquem frios", disse Red aos Faraós. "Se vocês, grandes reis africanos, puderem ganhar o dinheiro de volta, ele é de vocês. Está bem aqui, cara. Está tudo bem, *meus irmãos*. Eu não vou fazer com vocês o que o homem branco fez. Juro."

"FOI O MAIOR DESGRAÇADO QUE O JOGO DAS DROGAS JÁ CRIOU..."

Red estava mijando em uma ferida aberta, e os Faraós não gostaram nem um pouco. Um deles se moveu atrás de mim. Eu não conseguia ver o que ele estava fazendo, mas não podia me virar para olhar. Depois que minha voz falhou, eu achava que meu corpo podia me trair com algum estremecimento ou outro gesto qualquer de medo. Outro cara enfiou a mão por baixo da camisa, praticamente da mesma forma que eu tinha feito naquela noite com o Chance – mas eu sabia que esse homem não estava blefando. Ele caminhava com movimentos bruscos e curtos e não parava de falar sozinho sobre como estava pronto para ir à guerra contra o selvagem que o desrespeitava em sua própria casa. Outro cara apenas caminhou até uma pequena cerca, se apoiou e olhou para mim enquanto uma contração nervosa percorria sua perna.

Red ignorou tudo isso e jogou os dados. "O papai aqui precisa de uma Ferrari nova!" Ele estava recebendo seus ganhos quando vi o rei Amenhotep, o Magnífico, caminhando em direção ao jogo. Amenhotep era tão respeitado na Nação de Reis e Rainhas que todos o chamavam de "Rei" – do mesmo modo que o presidente deste país é chamado de "senhor Presidente". Era óbvio sobre quem falavam e ponto final. Eu já estava com medo, mas, quando vi o Rei, fiquei, tipo... não sei se há uma palavra para isso. Seria preciso inventar uma expressão, algo como "definitivamente mortalmente apavorado". E isso era só a ponta do iceberg de como me senti quando vi o Rei caminhando em minha direção.

O Rei era, em uma palavra, notório. De início, ele era um executor da organização, mas os federais haviam indiciado os líderes de seus Faraós alguns meses antes. Os antigos chefes ainda administravam as coisas da penitenciária, mas o Rei agora era encarregado das operações nas ruas enquanto os advogados de seus chefes vasculhavam as enciclopédias jurídicas em busca de brechas para entrar com recursos. A reputação do Rei tinha sido construída com base no desaparecimento de conexões colombianas, tortura de trabalhadores e assassinatos públicos. As pessoas que deveriam testemunhar contra ele geralmente mudavam de ideia, não conseguiam se lembrar exatamente o que havia acontecido ou alegavam que a polícia interpretou mal suas declarações. O que diziam era que o Rei chegou a matar seu melhor amigo por conta do sumiço de alguns milhares de dólares.

A cada passo que o homem dava, eu ia ficando mais apavorado. No momento em que ele chegou perto de mim, toda a emoção deu lugar a um entorpecimento que estava além das palavras. Fui tão além do medo que voltei a ficar em paz. Mesmo sem estar machucado, eu me sentia o mais perto possível de entender o que era a morte. Só faltava o túnel com a luz no final.

Red olhou brevemente para o Rei, balançou os dados na mão e os deixou cair. Sua sequência de vitórias continuou, e todos saíram do jogo, exceto dois Faraós.

"Achei que vocês estavam ganhando dinheiro aqui", provocou Red. "Não estão ganhando nada de dinheiro? Não querem jogar mais?"

O Rei entrou no campo de visão de Red e disse: "É melhor você reconhecer a presença do Rei quando o vir".

Red olhou para o Rei enquanto soprava os dados e os jogou novamente. Os dois pousaram em "um": o chamado "olho de cobra". Só assim sua sequência de vitórias terminou. Quando saímos, Red estava feliz porque havia ganhado 200 dólares no jogo, e eu estava feliz por ter saído de lá.

Foi a última vez que saí com Red. Três semanas depois, ele levou dois tiros na cabeça enquanto lavava seu carro em um lava-jato local, em um dos quarteirões nos fundos da quebrada. Todo mundo sabia quem o havia matado. Porra, até a polícia tinha fortes suspeitas. O Padrinho colocou um preço pela cabeça do assassino, mas, antes que alguém pudesse embolsar o dinheiro, o assassino já estava atrás das grades por outras acusações.

Com a morte do Red, a equipe do Junior parou de aparecer, e os caras que trabalhavam para o Red perderam o rumo. Red era a força. Ele diria: "É isso, foda-se tudo. Eu não dou a mínima para nenhum desses merdas". E assim seria. Ele alimentava todos os outros, porque não se importava com obstáculos, ninguém que trabalhava para ele se importava. Se Red estivesse lá para dizer: "Vamos lá resolver a treta com esses filhos da puta", assim seria. Todo mundo iria e faria o que ele dissesse, mas ele não conseguia dizer nada com dois buracos na cabeça.

Todo mundo sumiu. Por um tempo, a boca ficou aberta e, enquanto estava aberta, o tráfico em Baisley voltou com tudo. Então, todo mundo começou a traficar pesado. Depois de um tempo, as coisas voltaram ao normal, e a boca virou uma zona livre. Os tiros no Red resolveram os problemas de muitas pessoas.

CAPÍTULO 9

"CONTINUEI APERTANDO O GATILHO ATÉ QUEBRAR O PINO DE DISPARO…"

Pouco tempo depois da morte do Red, finalmente comprei meu primeiro ferro no Velho Dan. Dan costumava andar por aí com óculos escuros, um chapéu de caubói grande e botas combinando. Ele dirigia um grande Cadillac vermelho brilhante com penas indígenas penduradas no retrovisor. Ele dizia que era caubói porque os negros costumavam ser caubóis. Embora ninguém fale sobre caubói negros, eles realmente existiram, de acordo com Dan. Como uma maneira própria de manter vivo o legado do caubói negro, Dan comprava armas fora do estado e as vendia no bairro pelo dobro do preço. Eu não sabia muito sobre caubóis negros, mas ouvi suas lições de História e comprei dele uma pistola .380 ACP por 800 dólares. Foi um grande investimento para mim na época, mas eu pagaria um preço mais alto se não a tivesse comigo se alguém tentasse me roubar.

Dan costumava atirar em um estande de tiro em Long Island, mas eu era muito jovem para ir, então praticava tiro do outro lado do canal, perto da casa da minha avó. Eu atirava em alvos fixos – latas, brinquedos velhos, bolas de basquete, tudo que conseguisse arranjar. Às vezes, um noia tentava me vender algo que não tinha nenhuma utilidade, mas, se fosse um alvo decente, eu aceitava. Comprei duas caixas de cartuchos de Dan e atirava com a pistola algumas vezes por semana. Minha pontaria era melhor que a da maioria, mas não era grande coisa também. Eu tinha certeza de que teria coragem de atirar em uma pessoa se fosse necessário, mas não tinha certeza se seria capaz de acertar o alvo quando chegasse a hora. Eu descobriria em breve.

Conheci uma garota chamada Tracee enquanto comprava roupas na Jamaica Avenue. Foram necessários alguns telefonemas e algumas idas à escola dela até que finalmente ela me deixasse ir visitá-la. Eu estava animado porque sabia que ia rolar uma boceta. Havíamos conversado o suficiente para saber do que se tratava a visita, foi um acordo tácito. Usei uma das melhores roupas que tinha. Vesti minha jaqueta 8-Ball, que era um tipo de jaqueta de couro multicolorida com um grande número oito nas costas e bem popular no início dos anos 1990. Coloquei jeans novos e um par de tênis brancos. E, só para ser especial, peguei uma das correntes de Brian de sua cômoda – uma corrente de ouro grossa com um pingente grande. Eu também levei a .380, só para garantir.

Tracee morava no conjunto Redfern, em Far Rockaway. Peguei um táxi até a casa dela – eu tinha grana para pagar ao motorista, então pedi que ele esperasse por mim do lado de fora. Achei que seria capaz de subir as escadas, conseguir o que queria e descer a tempo de pagar o táxi por apenas duas horas.

O vidro da porta da frente do prédio dela havia sido escurecido com um isqueiro, então não dava para ver o interior do saguão. Nem liguei, porque os traficantes fazem isso o tempo todo para impedir que a polícia veja o que está acontecendo no lado de dentro. Não era incomum que a polícia habitacional patrulhasse os conjuntos de bicicleta e espiasse os prédios. Os saguões sempre foram um bom lugar para fazer o corre ou passar o tempo quando a temperatura caía. Do lado de dentro do saguão, a rua podia ser vista sem que fosse preciso lidar com o clima ou a polícia. E, uma vez que os vidros estavam embaçados, era fácil espiar lá fora sem ser visto.

Se eu não estivesse tão preocupado em conseguir uma boceta, eu teria abotoado minha jaqueta para ficar mais arrumado. Ao entrar no saguão, minha mente já estava lá em cima, então nem prestei atenção nos dois caras parados ali – simplesmente liguei o foda-se e subi as escadas.

Quando desci, 45 minutos depois, estava tão feliz quanto podia. Mas minha felicidade foi embora rapidamente porque parecia que todos os assaltantes mais novos do local estavam no saguão. Aqueles dois caras pelo visto tinham pegado o megafone do conjunto e anunciado que havia um garoto com uma jaqueta 8-Ball e joias no prédio. Eles não precisavam de todos aqueles caras se realmente quisessem me derrubar. Porra, se os dois caras que enviaram o alerta tivessem algum coração, eles próprios poderiam ter me atacado. Eu tinha apenas 16 anos, ainda era um pirralho e nem tinha me tocado do que estava acontecendo ao subir. Mas, no que diz respeito aos ladrões, os caras eram superdesleixados.

Percebi o que estava acontecendo assim que vi a aglomeração no saguão. Avancei rápido em direção à porta e já estava na metade do caminho para sair do prédio quando eles se tocaram que eu era o moleque que estavam esperando para roubar. Quando me viram, tentaram me rodear, mas eu já estava a poucos passos da porta. Um deles tentou me persuadir a voltar, me chamando como se me conhecesse. "Ei, cola aqui um segundo, cara", ele disse. "Quero falar com você, rapidão."

Eu respondi: "Não, cara, não tenho nada para falar contigo". E abri a porta. Meu coração estava batendo forte no peito. Quando vi o táxi estacionado na outra extremidade do pátio, me xinguei por ter pensado com o pau. Era possível ouvir os corpos saindo pela porta atrás de mim — nem precisei olhar, apenas senti nas minhas costas. Andei alguns metros, esperando que simplesmente desistissem à luz do dia, mas eles continuaram vindo. Estavam ficando mais famintos e mais ousados. Parecia que iam correr atrás de mim a qualquer segundo, então peguei a .380 do bolso e me virei. Não olhei, não pensei. Acabei por disparar todos os seis tiros que tinha na arma. Continuei apertando o gatilho até quebrar o pino de disparo, então corri para o táxi.

Mais tarde naquela noite, Tracee me ligou para ver se estava tudo bem. Eu disse que sim e perguntei por que ela queria saber. Naquela época, eu não tinha muita experiência com garotas, então não sabia que deveria ter ligado para ela depois de transarmos. Tracee queria conversar. Depois de um tempo, ela me perguntou se eu tinha visto alguma coisa quando estava saindo do prédio. Eu respondi que não, então ela me contou que uma criança levou um tiro na perna, em frente ao prédio dela, no início da tarde, e ela estava feliz por eu não estar por perto. Eu respondi que o mundo estava maluco, e que fiquei feliz por ter perdido o tiroteio, porque eu podia estar apenas caminhando, cuidando da minha vida, e ter levado uma bala. Ela disse que estava feliz por nada ter acontecido comigo e perguntou quando me veria de novo. Eu respondi que a veria em breve, mas estava mentindo. Parei de atender suas ligações e nunca mais fui vê-la. Não valia a pena ser roubado por causa de nenhuma boceta.

Depois de Tracee, comecei a sair com Tasha. Conheci Tasha pela namorada de Ray-Ray, Nicci, e ela virou minha primeira namorada de verdade. Morava no Rockaway Boulevard, que era perto o suficiente para eu não me preocupar em ser roubado ou em ter que atirar em alguém quando fosse vê-la, mas longe o suficiente para eu continuar na boca. Eu ainda era um novato em relação às garotas e acabei investindo mais dinheiro do que tempo no relacionamento. Eu a levava para sair de vez em quando, mas, na maioria das vezes, apenas comprava sapatos, roupas e outras coisas para ela. Tudo o que realmente importava para mim era que ela estava lá quando eu precisava de uma boceta. Ter uma namorada, mesmo que eu a estivesse enganando, era muito mais fácil do que ir atrás de garotas o tempo todo.

Uma noite, Ray-Ray ligou dizendo que devíamos levar Tasha e Nicci em um encontro de casais. Eu estava fazendo um corre, então recusei o convite. Ray-Ray ficou tipo: "Você prefere ganhar dinheiro a ficar com a sua namorada?"

"Isso mesmo", respondi. "Se você quer ficar com as garotas, vai lá e fique com as garotas. Prefiro ficar com o dinheiro."

O problema é que em nenhum momento Ray-Ray me contou que estava falando comigo no viva-voz, e Tasha e Nicci estavam ouvindo – só descobri essa parte meses depois. E, como eu dei uma de esperto ao telefone, naquela noite Tasha acabou indo ao cinema com o irmão mais novo de Brian, John. Depois do filme, eles pegaram dois quartos em um motel ali perto. Tasha percebeu que, como eu preferia ficar com o dinheiro, ela deixou outra pessoa ficar com ela e acabou transando com John.

Ninguém me contou sobre essa merda por meses. Eu ainda a mimava, comprando roupas e sapatos e outras coisas, e John estava transando com ela pelas minhas costas. Foi só quando comprei um casaco de pele caro para ela no Natal que Brian entrou em cena para mediar a situação. Brian de início não sabia o que estava acontecendo, mas, quando soube, disse a John que esperar até que eu descobrisse sobre a situação por conta própria só pioraria as coisas.

John estava com tanto medo de confessar que trouxe Brian com ele quando se sentiu pronto para me contar. Ele jurou que só transou com a Tasha algumas vezes depois daquela primeira noite e que depois a deixou em paz, mas eu nem liguei. Eu gostava da Tasha, mas, na verdade, ela estava lá apenas por estar lá. Eu não gostava da ideia de ser enganado, mas uma vadia sempre será uma vadia, não há muito o que fazer. Eu disse a John para me pagar os 500 dólares que eu tinha gastado no casaco. Ele ficou, tipo: "Tudo o que tenho que fazer é pagar 500 dólares?" Todo mundo achava que eu ia enlouquecer ou algo assim, mas não ia. Eu simplesmente peguei o dinheiro e fui embora, depois liguei para Tasha e disse para ela ir à casa da minha avó. Quando ela chegou lá, tirei o casaco das costas dela e a mandei de volta para casa no frio. Eu não conseguiria recuperar todo o dinheiro gasto com ela, mas tinha absoluta certeza de que não a deixaria andar por aí com aquele casaco. Isso me deixou irritado com as mulheres por um tempo, simplesmente não valiam o esforço.

CAPÍTULO 10

"MEU CORAÇÃO PAROU. PARECIA QUE EU ESTAVA VENDO UM FANTASMA..."

Peguei o vírus da jogatina pouco antes do meu primeiro ano no ensino médio. Fiquei fissurado nos dados. Em uma só noite, ganhei 5.600 dólares na viela da boca. No dia seguinte, fui à loja da Kawasaki na Jamaica Avenue e comprei uma Ninja 600 ZX-6R. Sem placa, sem seguro, sem registro. Só rabisquei alguns números em um pedaço de papelão e coloquei na parte de trás, onde ficaria uma placa legítima, depois estacionei na rua, como se tudo estivesse regularizado. Eu ia de moto para a escola todas as manhãs e estacionava na casa de Brian à noite porque não queria que minha avó soubesse da compra — ela ainda não sabia que eu estava vendendo drogas.

Eu não ligava para os detectores de metal da minha escola. Nunca levei uma arma para a aula e, quando eu carregava uma faca, a escondia no mato ou em algum lugar na minha moto. Eles escolhiam as pessoas de forma aleatória, não revistavam a todos, pois seria algo impossível e ninguém jamais conseguiria chegar a tempo para a aula. Em vez disso, eles escolhiam os caras que pareciam prestes a se meter em confusão e as garotas que poderiam contrabandear alguma coisa para esses caras. Já tinha sido revistado várias vezes, então nunca levava nenhuma arma para a escola.

O segurança colocou minha mochila sobre a mesa e começou a procurar, vasculhando tudo. Eu estava caçoando dele, tipo: "Se você encontrar algum dinheiro aí, me avise". Ele não prestou atenção em mim, era um daqueles caras que se concentra em seu trabalho e em nada mais. O cara foi rápido e meticuloso, mexeu nas minhas coisas como se fosse uma máquina. Primeiro, tirou todos os livros lá de dentro e os colocou sobre a mesa. Depois, vasculhou cada canto e recanto da mochila e começou a guardar tudo de volta. Abriu e balançou cada caderno. Achei que devia haver um monte de alunos indo para a escola com livros ocos e lâminas de barbear presas em folhas de fichário. Achei esse cara ridículo, então ainda estava tirando uma com a cara dele quando ele terminou: "Você está trampando muito bem", brinquei. "Depois que terminar, bem que podia dar um grau no meu quarto para mim. Você limpa janelas também?"

Ele continuou me ignorando. As únicas coisas que restavam para colocar de volta na bolsa eram meus tênis. Ele enfiou a mão lá no fundo e tirou uma meia. Então bateu os calcanhares um contra o outro. Um monte de pinos verdes caiu. Meu coração parou. Parecia que eu estava vendo um fantasma – e de certa forma, eu estava. Os pinos eram velhos, havia meses que eu não usava dos verdes. Foram os primeiros que usei depois que Red morreu, mas já fazia algum tempo que eu vendia *illusions* em pinos de tampa dourada. Eu tinha escondido os pinos verdes naqueles tênis para que minha avó não os encontrasse. Me xinguei por ter escolhido o par de tênis errado. Era inacreditável.

Entre passar um tempo na sala do diretor, ser levado para a delegacia e aguardar na sala de espera do tribunal para ver o juiz por posse de substância controlada, tive muito tempo para pensar no meu erro. Na minha cabeça, eu só tinha sido pego porque não queria que minha avó encontrasse as drogas; foi como se eu estivesse sendo punido por abusar da confiança dela. Eu tinha escondido as peças tão bem que acabei as escondendo de mim mesmo. Se eu tivesse contado a ela o que estava acontecendo, não teria sido fichado na polícia – pelo menos não por levar crack para a escola.

Quando Brian me pegou naquela noite, pedi que ele me deixasse na escola para que eu pudesse voltar de moto para casa. Meus avós estavam esperando por mim. Eles me fizeram sentar, não sabiam muito bem o que tinha acontecido, exceto que eu havia sido preso. Não sei como descobriram (porque eu ainda não tinha contado nada para eles), mas não importava. De qualquer forma, eu ia contar tudo. Quando começaram a falar comigo, percebi que achavam que eu usava drogas. Eu precisava contar a verdade: "Eu não uso drogas", falei. "Eu vendo drogas. Se vocês quiserem me botar para fora, me botem."

Foi só quando contei à minha avó que eu vendia drogas que ela finalmente explicou o que aconteceu com a minha mãe. Até então, nunca havíamos conversado sobre ela. Quando minha mãe morreu, meu avô foi quem me disse que ela não voltaria, que havia morrido dormindo. Demorou um pouco para eu entender, porque, naquela época, ela não era muito presente na minha vida. Eu sabia que ela estava no corre, tinha visto com o que ela trabalhava. Mesmo naquela época, eu sabia que não seria inteligente ficar sob os cuidados dela enquanto ela traficava. Minha mãe tinha que estar no meio da muvuca, onde estava bombando, e aquele não era um bom lugar para eu estar. Ela não esteve presente, mas me acolheu da melhor maneira que pôde, além de me sustentar financeiramente.

Não tenho certeza de como minha avó se sentia sobre o estilo de vida de minha mãe ou quando foi que ela descobriu. Sei que deve ter doído enterrar a própria filha e acho que é por isso que ela não me contou o que aconteceu. Eu costumava pensar que era porque eu era muito jovem para entender, mas com o passar do tempo percebi que minha avó preferia não falar sobre isso para me proteger. É muito mais difícil explicar a morte a uma criança de oito anos do que a alguém mais velho. Até eu contar que estava vendendo drogas, ela só tinha me dado algumas poucas informações. Então, ela me contou tudo.

Meu avô não disse uma palavra. Ele se levantou e saiu da sala. Em seguida, minha avó me disse que minha mãe havia sido assassinada. Contou que ela mesma nunca soube de todos os detalhes. Como minha mãe vivia separada do resto da família, a história teve que ser reconstituída. A maior parte do que minha avó sabia vinha de registros oficiais – investigações policiais, relatório do legista – misturado com um pouco de bom senso e tudo o que minhas tias e tios foram capazes de descobrir.

Minha mãe estava em casa quando alguém colocou algo em sua bebida para fazê-la dormir. O assassino fechou todas as janelas da casa e ligou o gás do fogão.

Minha avó se desculpou por ter falhado comigo; ela se sentia culpada por eu ter escolhido vender drogas. Eu não sabia o que dizer. Mesmo agora, pensando quais eram meus motivos para traficar, fica parecendo que estou colocando a culpa nela. A verdade é que fiz minha escolha sozinho. Queria coisas e sabia que ela não poderia me dar. Eu não tinha nem cara para pedir essas coisas, e as outras formas conhecidas de ganhar dinheiro não faziam sentido para mim. Eu já estava tendo dificuldades na escola, mas deveria ficar estudando por mais seis anos – sem contar a faculdade. Na faculdade, seriam tranquilamente mais uns quatro anos. Então, depois de uma década, eu seria capaz de arranjar um bom emprego, trabalhar e conseguir as coisas que queria. Mas, olhando ao redor da vizinhança, eu via pessoas que estavam conseguindo o que queriam em seis meses de corre. O corre não parecia ser uma das opções; parecia a única.

De certa forma, eu era filho da minha mãe. Vê-la ganhando dinheiro com o corre, mesmo tão nova, definitivamente mudou algo em mim. As pessoas com quem ela andava eram o mesmo tipo de pessoas que haviam me levado para o jogo. Eram as pessoas que pareciam ter coisas, e era para elas que eu me sentia confortável em pedir o que precisasse. E, quando eu disse a esses caras que estava com fome, eles não me deram um peixe, me deram uma vara de pescar. Foi o que Sincere fez quando me deu os primeiros pinos de coca. E entendi que era disso que Brian estava tentando me proteger.

Naquela noite, conversando com minha avó, eu não tinha nada a dizer. Ela havia perdido uma filha para as drogas e seus filhos eram viciados ou casados com traficantes. Agora, até seu neto havia começado a vender crack. Doeu muito ouvi-la se culpar pela minha decisão. Ainda assim, deixá-la saber o que eu estava fazendo tirou um peso dos meus ombros. Pelo menos significava que eu poderia parar de mentir para a minha família. E, agora que eu não precisava mais esconder o tráfico de ninguém, eu seria capaz de trabalhar mais. Foi o que eu disse a mim mesmo, e assim aconteceu.

CAPÍTULO 11
"ESSA MERDA PODE TE LEVAR PRA CADEIA…"

Depois que fui pego com os pinos na escola, fui suspenso do sistema de ensino público da cidade de Nova York por duas semanas. Durante essas duas semanas, trafiquei crack dia e noite. Quando fui readmitido em uma nova escola, continuei a traficar crack dia e noite. Depois que o sistema judicial me condenou a 18 meses de liberdade condicional, continuei a traficar crack dia e noite. Nada do que aconteceu comigo mudou essa situação.

A escola se tornou um desfile de moda dali em diante. Eu só aparecia quando tinha roupas novas: "Tenho alguma merda nova para vestir? Ah, beleza, vou para a escola na quinta". A educação formal não era necessária para mim. Na época em que peguei meu primeiro tijolo do Carlos, ela perdeu todo e qualquer atrativo. Com esse trabalho, aprendi os números mais importantes para a minha rotina. Eu sabia quebrar um quilo de cocaína em gramas, onças, ou qualquer combinação dos dois. Foi assim que aprendi frações e conversão métrica, em situações da vida real. Depois que contei tudo à minha avó, a utilidade da escola como um disfarce terminou. Na verdade, eu não estava perdendo nada. Minhas matérias favoritas raramente tinham algo a ver com o conteúdo em si – tinham mais a ver com o professor. Se o professor me deixasse em paz ou me incomodasse em um nível que eu, pelo menos, pudesse tolerar, então gostava de sua matéria.

Sempre gostei de Estudos Sociais, principalmente de História – guerras e coisas assim. As guerras me interessavam desde a infância, quando eu costumava brincar com aqueles soldados verdes do Exército. Eu ficava muito animado com as estratégias e as lutas entre o bem e o mal, tipo, estamos certos e eles errados, então temos que nos livrar deles. Como isso podia ficar chato? Muitos professores conseguiam. Eles transformavam a guerra em um jogo de números, datas e quem assinava cada pedaço de papel. Eu ficava, tipo: "O que aconteceu com a parte sobre se livrar do outro cara pelo bem do mundo?" A escola deixava tudo piegas.

Então, não é nenhuma surpresa que eu tenha voltado para a boca. A surpresa é que Reg estava lá também. Reg era o irmão mais novo de Brian, mas não devia estar na boca; o mano ainda cheirava a prisão. Quando os policiais vieram nos buscar, provavelmente sentiram o cheiro dos últimos seis anos de reclusão nele. Eles deviam ter ficado, tipo: "Você tem o direito de permanecer em silêncio. Se não ficar em silêncio, qualquer coisa que disser pode e será usada contra... Espera aí, mano, você cheira exatamente como o Centro Correcional Baskerville da Virgínia!"

Quando alguém sai da prisão, o conselho de liberdade condicional sugere que ele mude seu ambiente – suas companhias, lugares que frequenta e outras coisas. Caso contrário, o ex-presidiário vai acabar voltando para a prisão. É bem simples, mas Reg nunca aprendeu nada sobre um trabalho formal, e vender drogas era a coisa mais próxima que tinha de uma habilidade comercial. Nada do que ele aprendeu durante suas férias de seis anos mudou isso. Como qualquer condenado recém-libertado que não entrou na linha, Reg estava tentando se recuperar, absorvendo as histórias de tudo o que perdeu nos anos que se passaram, tentando voltar à antiga forma.

Estávamos no Boulevard – Reg, Brian e eu. Shawn estava do outro lado da rua. Eu tinha acabado de chegar de uma inspeção de liberdade condicional, então não carregava nenhuma peça comigo. Os dias de vendas pequenas de Brian tinham acabado. Reg tinha acabado de sair da prisão, então ainda não havia voltado para o corre. O único com alguma peça era o Shawn, o senhor "Foda-se". Um homem, que nenhum de nós nunca tinha visto antes, se aproximou. Ele pediu crack ao Brian, que ficou indignado e gritou: "Cara, mete o pé!" Primeiro, ele suspeitou desse novo noia. Além disso, Brian se sentiu insultado porque o cara presumiu que ele fosse um traficante de rua. Então, o homem foi até Reg, que o mandou procurar Shawn do outro lado da rua. Reg estava pensando: "Eu definitivamente poderia entrar nesse novo jeito de traficar. Os clientes simplesmente vão até você enquanto você está de boa!"

"Você não pode fazer isso, cara!", eu disse a Reg. "Essa merda pode te levar pra cadeia."

O homem foi até Shawn e pegou 20 dólares em pinos. Reg estava tipo: "Ir para a cadeia? Pelo quê? Eu não tenho merda nenhuma".

Tive que explicar para ele que as leis haviam mudado. Reg poderia ser indiciado por aliciamento e posse de drogas pelo que havia acabado de fazer. Não precisava ter nada com ele; poderia ser pego como cúmplice do crime. Havia um monte de merda nova acontecendo, e ele não estava por dentro. Antes de Reg ser preso, não havia o TNT, nem um programa de policiais disfarçados para prender traficantes no ato da compra. Em seis anos, a regra de posse mudou – Reg poderia ser preso só por estar perto de drogas escondidas, desde que os policiais pudessem provar que era dele, o que não seria muito difícil, uma vez que começassem a espalhar suas merdas sobre a bancada. Eles fariam relatórios dizendo que o haviam observado indo e voltando do esconderijo o dia todo, mesmo que ele só tivesse aberto a banca alguns minutos antes. Eu estava prestes a ensiná-lo sobre as diretrizes de condenação obrigatória quando dois carros sem identificação surgiram como se fossem porcos possuídos, com agentes disfarçados se revelando com armas em punho, ordenando a todos que se ajoelhassem. "Você tem o direito de permanecer em silêncio. Se não ficar em silêncio, qualquer coisa que disser pode e será usada contra... Espera aí, mano, você cheira exatamente como o Centro Correcional Baskerville da Virgínia!"

A merda toda era uma loucura. Brian negou qualquer conhecimento de qualquer coisa. Ele estava apenas parado na rua e, até onde sabia, o país era livre, e estar na rua não era um crime – essa era a história dele, e ele insistiu tanto nela que os policiais que o prenderam não conseguiriam arrancar a verdade do cara nem com um pé de cabra. De qualquer forma, eles o levaram para a delegacia e o liberaram com uma multa por vadiagem, conduta desordeira ou alguma outra transgressão idiota, porque não conseguiram encontrar uma mentira para acusá-lo.

Tentei a mesma tática de Brian. Disse que só estava parado na rua e, até onde eu sabia, o país era livre, e estar na rua não era um crime. Eles me disseram que eu teria que explicar isso ao juiz. Eu fiquei tipo: "Que porra é essa? Como é que esse cara sai impune e eu não?" Eu descobri o porquê naquela noite durante uma audiência preliminar, quando o Estado apresentou seu caso: "O que temos aqui, meritíssimo, é uma das muitas células de crack altamente evoluídas que estão operando no bairro de South Jamaica, no Queens. Um atua como vigia, o outro orienta o cliente e às vezes lida com o dinheiro, enquanto um terceiro lida com a venda propriamente dita. Em alguns casos, o vigia ou o aviãozinho também portam armas para afastar as células rivais. Neste caso, o vigia e o aviãozinho estavam limpos, mas o Estado afirma que todos estavam operando no local. É muito simples, isso acontece o tempo todo. A perigosa praga do crack que toma conta da cidade inteira deu origem a muitas dessas pequenas operações locais. O Estado gostaria de levar o caso a julgamento e livrar a cidade desses traficantes de rua. Somente colocando esses homens atrás das grades é que a ameaça de gangues de crack mortíferas e assassinas pode ser mantida sob controle".

Eu me declarei inocente por meio do meu advogado, nomeado pelo tribunal. "O réu, Curtis Jackson, estava parado na rua, conversando com um amigo, quando foi detido ilegalmente pela polícia, em uma violação grosseira de seus direitos civis", alegou meu advogado. "Essas acusações não têm mérito. Além disso, a defesa gostaria de apresentar acusações de brutalidade e abuso contra os policiais que o prenderam." Eu pensei: "É isso aí! É disso que estou falando! Eu estava lá, sossegado. Prisão ilegal. Brutalidade. Deus abençoe a América!"

Mas o Estado rebateu que o réu inocente foi gravado por um policial à paisana. As seis palavras ditas com raiva – "Você não pode fazer isso, cara!" – foram gravadas pelo policial. "Meritíssimo, o réu, Curtis Jackson, não é apenas cúmplice do crime", disse o promotor. "Ele é parte integrante de uma célula que opera no bairro dentro de uma rede de drogas maior e não se deve permitir que volte às ruas." O juiz levou o caso a julgamento e me liberou sob a custódia de minha avó. Ela estava na última fila do tribunal. Chorando.

"ESSA MERDA PODE TE LEVAR PRA CADEIA..."

Nas semanas que antecederam o julgamento, a papelada do tribunal trouxe algumas evidências prejudiciais em relação ao réu Jackson: "Parece que, há menos de seis meses, o réu Jackson foi preso por levar crack para a escola... nos tênis. Durante o período de liberdade condicional, o reincidente reprovou nos exames de urina com o mesmo fervor com que está reprovando no jogo da vida, meritíssimo. Na verdade, menos de três semanas antes de sua prisão mais recente, o réu Jackson testou positivo em um dos testes de urina de rotina estipulados pelos termos de sua liberdade condicional. Parece que o réu Jackson não apenas vende drogas, mas também as usa".

O que eu deveria alegar? "Não, o que acontece é que passo dias inteiros fabricando e embalando crack. Gosto tanto de fazer crack que às vezes almoço enquanto corto pedregulhos em pedrinhas e os enfio em pinos sem lavar as mãos. Eu não uso luvas nem nada, porque os vigilantes sanitários não aparecem com tanta frequência. É óbvio que o resíduo entrou na minha corrente sanguínea. É tudo um simples mal-entendido, entende?"

Não, eu estava de boa. Doía ser visto como mais um viciado em crack, mas seria burrice confessar crimes maiores. Expliquei ao meu advogado que havia cozinhado um pouco de crack, sem mencionar que "um pouco" chegava a cerca de um quarto de quilo em intervalos de poucos dias. De qualquer forma, meu advogado não achou sensato usar essa defesa no tribunal. Passaria meia década antes que as autoridades aceitassem o fato de que a base de cocaína é tão fina e resistente que se mistura facilmente à cédula de dinheiro. Portanto, o argumento de que cerca de quatro em cada cinco notas de dólares contêm níveis residuais de pó de coca não era apresentado naquela época. Segundo os registros, o réu Jackson era usuário de drogas. O réu Jackson poderia viver com isso. O Estado ofereceu ao réu Jackson três anos de liberdade condicional. O réu Jackson também poderia viver com isso. Já a situação dos outros réus era um pouco diferente.

De todas as pessoas com quem eu poderia ter sido preso em flagrante, eu estava com dois caras que haviam passado mais tempo na prisão do que nas ruas. O problema era que as atitudes de Shawn e Reg em relação ao encarceramento eram opostas como a noite e o dia. Shawn – o único de nós que realmente tinha drogas com ele no momento da prisão – estava com seu discurso "foda-se". Ofereceram a ele de um a três anos de detenção por posse criminosa e venda de substância controlada em vários graus. Ele poderia viver com isso. Estava pouco se fodendo. Seu advogado teve dificuldade de entender o que Shawn estava dizendo. "Você percebe que essa prisão constitui uma violação de sua liberdade condicional e você terá que cumprir pena pela violação também? Posso conseguir que você cumpra as penas simultaneamente, mas…"

"Foda-se."

Reg, por outro lado, não estava disposto a voltar para a prisão. Ele foi acusado como cúmplice, e o Estado ofereceu abater de sua sentença os dias de espera pelo julgamento. Contudo, uma confissão de culpa o colocaria em posição de violação de sua liberdade condicional, então ele seria enviado de volta para a Virgínia assim que o martelo do juiz encerrasse o caso. Ele sequer deixaria o tribunal. Os oficiais de justiça o manteriam sob a custódia do Estado até que os agentes federais pudessem levá-lo para a Virgínia. Reg seria levado de uma penitenciária a outra por algumas semanas até que alguém soubesse onde encontrá-lo. E as chances de seu paradeiro final voltar a ser o Centro Correcional Baskerville, na Virgínia, eram bem grandes.

Reg disse "valeu, mas passo" à graciosa proposta do Estado. Fazia sentido – ele tinha acabado de voltar para casa e não estava ansioso por mais uma temporada no presídio. Nós entendemos a posição dele: ele tinha acabado de cumprir seis anos e não queria voltar. Mas, como todos éramos réus no mesmo caso, sua relutância em cooperar piorou nossa situação.

Tivemos que pedir que o caso fosse a julgamento na vara de primeira instância do Queens e tentamos utilizar todas as brechas da lei. Nossos advogados apelaram para o famoso caso Mapp para revogar as evidências, alegando que gravações secretas são ilegais. Eles também apelaram para o caso Huntley, alegando que as declarações obtidas pela polícia na delegacia violavam o procedimento. Quando os promotores viram que estávamos dispostos a prolongar o processo até o fim, colocaram um novo acordo sobre a mesa: uma pena de um ano para Reg, dois a quatro para Shawn e 22 meses em um programa de reabilitação de drogas exigido pelo tribunal para mim. Eu fiquei, tipo: "Vinte e dois meses? O que aconteceu com o acordo de liberdade condicional?"

Meu advogado respondeu: "Aquilo foi antes de vocês decidirem perder o tempo de todo mundo com truques jurídicos, que eu disse que não funcionariam".

Reg ainda estava decidido a lutar contra isso, mas seu advogado o convenceu a aceitar o acordo. As ofertas só piorariam com o passar do tempo, e o Estado não aceita bem as pessoas que recusam suas ofertas. Eles realmente usam essa merda contra você. Aprendi a não brincar com os tribunais quando se trata dessas coisas. Por causa dessa idiotice, em vez de três anos em liberdade mijando em um frasco, teria que aguentar dois anos trancado em um programa de reabilitação de drogas exigido pelo tribunal. *E, afinal de contas, que porra era um programa de reabilitação de drogas exigido pelo tribunal?*

Eu descobriria em breve.

CAPÍTULO 12
"ESTA AQUI É SUA ÚLTIMA CHANCE. PRÓXIMA PARADA, ATRÁS DAS GRADES…"

O Programa ficava em um pequeno prédio no Brooklyn, que tinha sido reformulado para se transformar em um "espaço seguro", onde era possível "emergir das cinzas de seus medos" por meio do poder dos impostos. O térreo continha escritórios executivos, várias pequenas áreas de convivência, uma cozinha e um refeitório. Os andares de cima serviam de dormitório. As mulheres viviam no segundo andar cor-de-rosa e os homens ficavam no terceiro andar azul – havia sete quartos em cada andar. Era possível chegar aos dormitórios por meio de duas escadas separadas – a da esquerda era para as garotas e levava ao segundo andar, a da direita dava acesso ao andar dos caras. Duas pessoas eram alocadas em cada quarto. Cada cômodo tinha duas camas de solteiro, duas escrivaninhas pequenas e uma cômoda que era compartilhada. E em todos os lugares – do lado de fora dos quartos, nos corredores, nas escadas, na entrada do banheiro – estavam as regras:

NÃO GRITE

É PROIBIDO CORRER

DESLIGUE AS LUZES QUANDO NÃO ESTIVEREM EM USO

CIGARROS, ÁLCOOL E DROGAS SÃO ESTRITAMENTE PROIBIDOS

AME A SI MESMO

O NÃO CUMPRIMENTO DAS REGRAS PODE RESULTAR NA EXPULSÃO DA

CASA E DO PROGRAMA

O Programa, regulamentado pelo município e determinado pelo tribunal, não tinha grades. Apenas regras – muitas regras. E, se você violasse alguma, seria mandado para aquele lugar com grades. Era realmente simples assim. Os conselheiros falavam aquela baboseira de amor, dos benefícios da aceitação e do perdão, mas estavam sempre prontos para nos intimidar rapidamente com a ameaça da prisão. Havia um monte de conversas sobre autoestima e autoconhecimento, palestras sobre como perceber o poder dentro de você e sugestões para que você trocasse de amizades, os lugares que frequentava, entre outras coisas, para se distanciar de relacionamentos tóxicos. Mas, quando as coisas ficavam difíceis, era: "Continue arruaçando e você estará na prisão mais rápido do que leva para fumar uma pedra de crack". Percebi que o apoio e a aceitação eram a estratégia principal, mas, quando um participante se tornava indisciplinado ou não obedecia, toda a merda atingia o ventilador e as grandes armas surgiam: "Escute, amigo, você já fodeu com a sua vida. Esta aqui é sua última chance. Próxima parada, atrás das grades".

O Programa era organizado de forma que os novos participantes dividissem um quarto com os residentes mais antigos, que desempenhavam o papel de irmãos ou irmãs mais velhos. O papel do irmão mais velho era ensinar ao novo residente o esquema do Programa – tipo, como seguir as regras e tal. Meu irmão mais velho fez o que deveria: me instruiu sobre os detalhes da residência, embora tudo já tivesse sido explicado na orientação e fosse repetido todas as manhãs, ao meio-dia e à noite. A teoria era que adictos em recuperação se entenderiam melhor com alguém que havia passado pela mesma coisa que eles, e que o irmão mais velho transformaria a simplicidade do manual do Programa em um plano real de ação. "Não podemos te ensinar o que é o amor", os conselheiros diziam. "Só podemos mostrar onde está: dentro de você."

Havia muita babaquice naquele lugar. A verdade é que a equipe ficava sem fazer nada enquanto os irmãos mais velhos faziam tudo. Ainda bem que havia um irmão mais velho chamado Ed. Era um cara branco mais velho, que tinha quatro meses restantes no Programa. Ele tinha sido nomeado para "me guiar pelos estágios iniciais de reabilitação e aceitação". Ed era muito legal. Depois de tanto tempo no Programa, ele estava pronto para voltar para sua vida. Ele percebeu que o Programa servia a um propósito, embora não tão bem quanto todos pareciam pensar. O cara contou que havia caído em um buraco, e o Programa o ajudara a sair, mas apenas porque ele queria sair do buraco em primeiro lugar.

"Se eu voltar a fumar aquela pedra, será só porque já desisti da minha vida", ele disse. "Se isso acontecer, estarei morto. Eu não teria nada pelo que viver e só estaria esperando pelo fim dos meus dias." Ele dizia isso repetidamente de muitas maneiras diferentes, fosse em nosso quarto ou nas reuniões. Ed não culpava a ninguém além de si mesmo. Dizia que a responsabilidade pessoal havia sido sua característica mais fraca, mas ele havia se tornado consciente de seu próprio poder e aquilo agora era sua maior força. O cara poderia construir a vida que escolhesse, e era exatamente isso que faria quando deixasse o Programa. Nesse momento, Ed já tinha o privilégio de obter licença para sair de vez em quando e havia conseguido um emprego em tempo integral como estoquista em um supermercado. "Você não pertence a este lugar, Curtis", ele me disse. "Você não é o tipo de moleque que deixa a vida te ferrar. Posso ver nos seus olhos."

Eu contei a ele que nunca tinha usado drogas. Contei que vendia drogas, mas não quanto. Ed entendeu e disse que não me culpava, apenas sentia que eu estava mal orientado. "Determinado, mas mal orientado", ele disse. "Os traficantes não acabam com as pessoas. As pessoas acabam consigo mesmas por conta própria. Os traficantes apenas aproveitam a oportunidade das pedras porque não há mais nada para eles aproveitarem. Traficantes de drogas não são predadores. São necrófagos, voando no alto como abutres esperando que a última luz da vida vá embora. Só então eles descem e se fartam com os restos mortais." Para Ed, tudo se resumia à responsabilidade pessoal.

Pensei muito no que ele disse. Se outra pessoa tivesse sido meu irmão mais velho, acho que não teria sido capaz de lhe contar a verdade. Mas Ed foi muito legal e não me fez me sentir mal por vender crack. E isso me levou a pensar ainda mais. Eu nunca tinha enxergado viciados em crack como algo além de clientes. Embora alguns de meus próprios familiares tenham se tornado viciados, a única coisa que eu conhecia dos noias eram seus hábitos e padrões de compra. Meu tempo na reabilitação mudou muito isso. Eu não ia parar de traficar crack. De jeito nenhum. Mas aprenderia a fazer melhor.

Os compartilhamentos de histórias de vida sempre ocorriam no térreo, em uma das salas de reunião. O local estava decorado com anúncios de serviços da cidade – a maioria impressa em dois idiomas: espanhol e inglês. Havia um de um cachorro com um sobretudo dizendo que os bons cidadãos deveriam "abocanhar uma oportunidade de agir contra o crime". Propaganda para "informantes do crime", com as linhas diretas gratuitas para informantes (1-800577-TIPS ou, *en español*, 1-888-57-PISTA)", era exibido com destaque. Fotos de crianças desaparecidas estavam espalhadas por toda parte. Outros anúncios forneciam informações de apoio com relação a alcoolismo, dependência de drogas, violência doméstica, depressão e mais. Parecia que havia uma linha direta para tudo que pudesse dar errado na sociedade, e essa linha direta era anunciada naquele andar. As paredes das salas de reuniões estavam repletas de pôsteres motivacionais. ESTOU LIVRE PARA ESCOLHER A VIDA OU A MORTE... A VIAGEM DE MIL QUILÔMETROS COMEÇA COM UM PASSO... SEJA VOCÊ MESMO, MAS SEJA A SUA MELHOR VERSÃO... AGORA É A HORA... Aquela sobre Deus caminhando com o cara na praia... e o favorito do Programa: OU VOCÊ É PARTE DO PROBLEMA OU VOCÊ É PARTE DA SOLUÇÃO.

Eu sempre era convidado a compartilhar minha história, mas quase nunca compartilhava. O que eu deveria dizer? "Oi, eu sou o Curtis e lamento que a vida de vocês esteja fodida. Mas, se você decidir voltar a fumar quando sair, me procure. Estarei na mesma rua em que fui pego: Guy R. Brewer Boulevard com a Rua 134, no Queens, porque assim que sair daqui voltarei a vender crack. E, agora que vi o quanto a heroína é profundamente viciante e, portanto, lucrativa, vou vendê-la também. E, quando eles aparecerem com alguma merda nova para vender, vou vender também. Procure o Boo."

Eu não estava nem um pouco reabilitado, nem seria. O Programa era voltado para almas quebradas e mentes danificadas. Eu não tinha nenhum dos dois. E minha incompatibilidade com o restante dos internos rapidamente começou a aparecer. Na minha primeira semana, recebi um pequeno panfleto para memorizar. Continha as regras básicas da casa, um manifesto com 12 etapas e notas sobre responsabilidade. Consegui decorar o livreto em menos de 20 minutos. Isso causou conflito. Os conselheiros sabiam que eu podia repetir as frases, mas diziam: "Você deixou essas palavras entrarem em seu coração?" Outros participantes levavam semanas, às vezes meses, para aprender o material.

"Isso é porque eles são todos viciados em crack", eu dizia. "Eu não sou um noia. Não preciso ficar relendo essa merda para entender." Desde o começo, os conselheiros perceberam que eu seria um problema. Eu não somente não cooperava – vivia cheio de raiva, xingando e usando terminologia proibida ("noia") –, como também estava em negação. Essa era a resposta para tudo: negação. Se alguém não aderia ao Programa, é porque estava em negação. Para eles, eu estava no nível dez da negação. Se havia alguém que precisava do Programa, esse alguém era eu. E, se eu ficasse em negação por tempo suficiente, seria mandado para a prisão.

"Acho que é melhor você ler o panfleto novamente."

"Eu te falei que já li."

"Bem, acho que é melhor você ler novamente."

Mas que caralho?

Durante uma hora inteira, três vezes ao dia, o grupo se reunia para ler e discutir o panfleto. Enquanto o grupo lia em silêncio, eu simplesmente me amaldiçoava por ter dito aquelas seis palavras, "Você não pode fazer isso, cara!", para Reg. Repassava o incidente em minha mente o tempo todo. Às vezes, deixava Reg ser preso. Às vezes, eu esperava o oficial atravessar a rua até Shawn antes de instruir Reg. Às vezes, eu dizia ao policial para ir para o inferno, assim como Brian tinha feito. Mas, na maior parte do tempo, eu apenas sonhava acordado. Eu ouvia uma motocicleta passando lá fora e me recordava de como era ir de moto para a escola. Sempre que um conselheiro interrompia meu fluxo de pensamento, eu citava uma passagem do panfleto palavra por palavra e voltava a sonhar acordado.

Na noite anterior à partida de Ed, perguntei como ele tinha conseguido passar pelo Programa. Ele fechou os olhos e recitou um poema que havia aprendido:

Na vida você cometerá erros, como todos nós faremos,
E parecerá que você nem tem forças para continuar...
Sua fé pode estar em baixa e a maré bem alta,
E você não consegue ficar na superfície, não importa o quanto tente.
Se você se sentir acabado e disser: "Cheguei ao fundo do poço",
Pare e respire fundo, mas simplesmente não desista.
Sua jornada pode ser cheia de obstáculos e curvas,
Mas, se você aguentar firme, poderá passar pelas curvas.
Se mantiver o curso quando estiver para baixo,
Você pode se surpreender com a rapidez com que as coisas mudam.
Não desista antes de a corrida terminar,
Basta dar um passo, e depois outro.
O fim está próximo, embora pareça longe,
Você ficará surpreso ao saber o quão perto está.
Aqui está algo para se lembrar quando seu caminho estiver escuro:
É sempre mais escuro antes do amanhecer,
E você pode vencer se simplesmente não desistir.

"Beleza", pensei. "Estou preso aqui e não posso desistir porque desistir significa ir para a cadeia." Eu tinha que bolar algo.

A partir daquela noite, minha visão sobre o Programa mudou. Percebi que não conseguiria vencê-lo, então minha melhor aposta era ingressar nele – ou pelo menos fingir ingressar nele. A única maneira de sair do jogo era jogar, e jogar para vencer. Eu me tornei um observador astuto dos conselheiros. Comecei a prestar atenção no que eles gostavam e no que não gostavam. Absorvi todas as informações e adotei os comportamentos que seriam vistos como *cooperação* e pelos quais eu seria recompensado. Funcionou. Os conselheiros observaram que eu estava fazendo um progresso excepcional e começaram a me considerar o garoto-propaganda da aceitação. "Vejam o Curtis", eles diziam. "Ele foi capaz de virar o jogo ao assumir a responsabilidade por suas ações. Todos vocês devem fazer o mesmo."

Enganar os conselheiros foi fácil, mas os participantes do Programa eram outra história. Eles não tinham poder sobre mim e eu não sentia necessidade de cooperar com eles. Todos me odiavam por isso. Eles realmente me atacavam quando tínhamos sessões de Confronto. O Confronto era organizado de forma semelhante ao Compartilhamento, exceto pelo fato de que o Confronto permitia que os participantes expusessem nossas tretas. Durante o Confronto, as regras contra xingar eram suspensas – qualquer coisa que não fosse um ataque físico era permitida. Cara, aqueles idiotas realmente chegavam na minha cara e diziam o que bem entendiam. Uma vez, um cara realmente caiu matando. Ele continuou falando sem parar, como se estivesse concorrendo à presidência ou algo assim:

"Curtis viola todas as regras da casa quando ninguém está olhando. Curtis corre e pula os degraus da escada. Curtis sempre chega atrasado quando está trabalhando na cozinha. Curtis não ajuda. Curtis tem uma atitude negativa, o que torna difícil trabalhar com ele. Uma vez ele estava pulando os degraus e eu disse que ele não devia fazer isso, e você sabe o que ele me disse? 'Olha, eu sou profissional nisso. Pulo degraus desde que comecei a andar'. Curtis não faz parte da solução. Curtis é parte do problema."

"Você gostaria de responder, Curtis?"

"Sim", pensei. "Eu gostaria de responder com a porra de um tijolo na cabeça desse bosta. Tudo bem se eu apenas levá-lo para fora e responder pessoalmente?" Mas me lembrei do poema de Ed, e não desistiria porra nenhuma.

"Sinto muito se fiz você se sentir assim", respondi. "Não foi minha intenção. Vou trabalhar para me lembrar dos seus sentimentos ao longo do dia. De agora em diante, serei mais responsável. Não quero ser parte do problema. Quero fazer parte da solução."

Naquela noite, depois do jantar, eu subi os degraus de três em três. O cara que havia me infernizado me chamou. "A-há!", ele disse. "Curtis, você está correndo nas escadas de novo."

Eu parei bem na frente do cara: "Eu te disse para não me encher sobre a porra dos degraus".

"Mas você disse que queria fazer parte da solução, lembra?"

"Ah, é isso? Vou te contar uma coisa: se você dissesse uma merda assim para mim na rua, eu socaria sua cabeça na parede. Mas não posso fazer isso aqui. Então, sempre que você vier reclamar dessa merda, vou fazer exatamente como fiz hoje. Vou levantar e dizer todas as bostas que os conselheiros querem ouvir. E, enquanto digo isso, vou olhar para seus pés, depois para seus olhos. Então, vou olhar para seus pés, e depois para seus olhos. Por algum motivo, eles compram essa merda. Olha, vou fazer isso agora, só para praticar."

Comecei a me desculpar com o cara por subir as escadas correndo. Eu olhei para os pés dele. Então, para os olhos. Em seguida, para os pés. Então, para os olhos. O rosto do cara ficou branco como uma folha de papel. Ele foi embora antes que eu pudesse terminar. "Aonde você vai?", eu ri. "Eu não terminei. Corta essa. Você vai ser parte do problema ou parte da solução, parceiro?"

Boa parte do restante da minha estadia no Programa ocorreu de acordo com o planejado. Nas reuniões, eu era chamado para dar conselhos ("Eu realmente acho que a Linda só precisa relaxar e deixar Deus entrar") ou para liderar o grupo de oração ("Deus, dê-me serenidade para aceitar as coisas que não posso mudar, a coragem para mudar o que posso e a sabedoria para perceber a diferença"). Então, subia correndo as escadas. Para os conselheiros, eu era o participante-modelo; para os participantes, eu era um vigarista. Estava tudo bem... até a senhora Jaworski aparecer.

A senhora Jaworski assumiu o Programa no lugar do diretor anterior. Ela era do tipo mão na massa e queria conhecer todos os participantes. Antes de ela chegar, eu nem sabia que o Programa tinha um diretor. O antigo diretor apenas ficava em seu escritório, fazia reuniões, dava entrevistas e, de vez em quando, levava um pequeno grupo de políticos para um tour pela casa. Jaworski, por outro lado, queria assumir grande parte das operações de rotina do Programa. Atrás de sua escrivaninha, havia uma placa que dizia: O PREÇO DO SUCESSO É DEDICAÇÃO, TRABALHO DURO E UMA GRANDE DEVOÇÃO PARA VER ACONTECER AS COISAS QUE VOCÊ DESEJA.

A senhora Jaworski rapidamente percebeu o grande artista da vigarice que eu era. Em primeiro lugar, ela recomendou que minha permanência no Programa fosse prolongada. Também sugeriu que meus futuros privilégios de licença fossem suspensos até que eu vencesse meu vício e percebesse que não conseguiria sobreviver à vida enganando a todos ao meu redor. Alegou que viu muitas famílias arruinadas pelas drogas e muitos centros de tratamento transformados em locais com políticas da boca para fora. Nossa nova diretora disse que tinha tanta certeza de que o Programa se tornaria um bastião de glória sob seu mandato como tinha certeza de que o sol estava no céu.

"Tudo isso é bom e legal", disse eu. "Mas fui enviado aqui porque eu *vendia* drogas. Agora percebo que errei ao fazer isso e estou ansioso para voltar para minha família e me tornar um membro produtivo da sociedade."

"Você pode dizer tudo isso quantas vezes quiser", respondeu ela. "Você pode fazer aquele pequeno truque em que olha para o chão e depois me ilumina com aqueles olhos de cachorrinho o quanto quiser. Mas, até eu acreditar que você está realmente reabilitado, você vai ficar aqui mesmo." Ela fez um longo sermão sobre responsabilidade e, em seguida, preencheu meu relatório: "O participante está em negação e se recusa a cumprir com o Programa".

Aquela canetada quase me fez perder o controle. Eu estava, tipo: "Nem fodendo, sua vadia. Vou jogar um tijolo na sua cabeça!" Manter minha raiva sob controle nunca foi meu ponto forte, mas pensei no poema de Ed: "Aqui está algo para se lembrar quando seu caminho estiver escuro: / É sempre mais escuro antes do amanhecer, / E você pode vencer se simplesmente não desistir". Eu disse: "Não sei do que a senhora está falando. Estou cumprindo o Programa da melhor maneira possível. Se houver algo em que a senhora acha que eu poderia me aprimorar, por favor, me avise, porque eu realmente gostaria de me tornar uma pessoa melhor".

"Você pode sair da minha sala", ela respondeu. "Volte quando aprender a realmente apreciar a oportunidade que recebeu aqui."

Nem fodendo eu mudaria de curso quando estava tão perto de voltar para casa. Minhas mentiras tinham funcionado com todo mundo, então eu sabia que havia algo de bom nelas. Além disso, se eu mudasse nesse estágio do jogo, a equipe não apenas deixaria de confiar em mim, como tornaria minha vida um inferno por causa de tanta mentira. Então, eles me mandariam para a prisão, apenas para me dar uma lição. Decidi que o show não podia parar. Continuei com minhas encenações premiadas até a data marcada para a audiência.

Fazia parte dos procedimentos normais: antes de receber o privilégio da licença, eu tinha que comparecer perante o juiz que havia me enviado para o Programa. Depois, eu teria que vê-lo novamente antes da minha liberação. Para todos os efeitos, era uma formalidade. O juiz me avisaria sobre o que aconteceria comigo se eu aparecesse em seu tribunal novamente e depois me mandaria embora. Mas os comentários da senhora Jaworski em meu relatório complicaram um pouco as coisas. O juiz Rothstein ficou pasmo. Ali estava um jovem que vinha progredindo constantemente no programa obrigatório do tribunal, como deveria, mas os registros mais recentes pareciam contradizer os últimos 18 meses de avaliações.

"Não tenho certeza do que se trata, meritíssimo", falei. "Acho que a nova diretora está me perseguindo, senhor. Ela é muito severa. Eu me sinto reabilitado e pronto para voltar à sociedade, senhor. Às vezes, parece que meu caminho está mal iluminado, mas sei que sempre é mais escuro antes do amanhecer e que posso vencer, desde que não desista, senhor." O juiz ficou confuso – a seus olhos, eu era um interno-modelo. Ele adiou o caso até a semana seguinte, quando a senhora Jaworski poderia se explicar.

"Na minha visão, os participantes do Programa não estão aproveitando a oportunidade que lhes foi apresentada", ela disse ao juiz. "Eles parecem acreditar que só estar presente já basta para merecer a dispensa. Eu discordo. E muitos participantes – Curtis Jackson sendo um excelente exemplo – acham que podem usar seu charme na reabilitação. Sinto que o espírito do Programa é rebaixado por esses participantes e me recuso a aprovar seu desempenho nada genuíno."

O juiz Rothstein perguntou a ela há quanto tempo estava à frente do Programa. Era uma daquelas perguntas para as quais ele já sabia a resposta, mas queria dar a corda para ela própria se enforcar.

"Seis semanas", ela respondeu.

"Então, a senhora está me dizendo que em seis semanas conseguiu deduzir a superficialidade de um programa em andamento que tem servido a esta cidade nos últimos quatro anos?", perguntou ele. "Está me dizendo que todos nós temos perdido um tempo precioso e dinheiro de impostos para abrigar, entreter e dar férias aos viciados em drogas? Está me dizendo que estamos sendo feitos de idiotas? Que inúmeros estudos e estatísticas estão errados? E que foi capaz de enxergar essa farsa em apenas seis semanas?"

Ela não tinha nada a dizer. Tive que usar toda a minha força para não rir.

"Bem", disse o juiz, "sugiro que a senhora altere sua avaliação para permitir que seu participante tenha os privilégios da licença, porque, se não fizer isso, eu o farei."

No meu primeiro dia de liberdade, estava de volta ao Guy R. Brewer Boulevard – de volta à boca. Não apareci com a intenção exata de vender drogas, mas era tudo o que eu sabia fazer. Depois de dois anos em cativeiro, estava ansioso para voltar à normalidade. O Programa havia me instruído a ficar longe do velho e criar o novo, e talvez houvesse algo de bom nisso. Os jogadores haviam mudado de posição, e as circunstâncias e o dinheiro não eram mais como antigamente. Devido aos programas e aulas nas escolas, havia poucos noias sendo criados. O mercado estava saturado.

Da boca, fui para a casa de Brian. Em seu quarto, caixas de tênis e pilhas de roupas estavam por toda parte. Seu armário estava cheio de roupas embrulhadas em plástico da lavanderia. As joias estavam dispostas na cômoda ao lado das fotos de Brian posando na frente de muros grafitados. Em uma foto, ele estava cercado por um bando de caras com ternos Gucci de veludo e jaquetas bombers, segurando garrafas de Derekagne e exibindo suas joias. Outra o mostrava rodeado de três garotas bonitas em frente a um grande desenho do Pernalonga. Um saco plástico com notas de um dólar estava sobre o aparelho de TV, que estava conectado a um sistema de jogo e a um CD-player. Brian puxou uma bolsa de ginástica de seu armário e despejou uma chuva de dinheiro. A cama estava cheia de notas pequenas – cinco, dez e vinte. Nunca tinha visto tanto dinheiro na minha vida, nem mesmo na TV. "Porra, deve ter um milhão de dólares aí!"

Brian riu e disse que havia 160 mil. Não era um milhão de dólares, mas ainda assim era mais dinheiro do que eu poderia imaginar. Tentei perguntar como ele tinha conseguido tanto dinheiro, mas só saiu ar. Eu fiquei sem palavras. Eu. Sem palavras.

Brian colocou o dinheiro de lado como se fosse roupa suja. Ele se sentou em um canto da cama e explicou que havia começado a trabalhar para o Padrinho. O Padrinho tinha se tornado tão poderoso que era capaz de se manter longe das negociações diretas. Era a melhor coisa a fazer naquela altura. Havia uma tensão crescente entre os traficantes locais e os caras que forneciam cocaína no atacado. Muitos negócios estavam indo mal, alguns fornecedores colombianos que tinham vindo fazer negócios com pessoas do bairro haviam desaparecido; outros foram roubados. Brian tinha certeza de que alguns caras dos conjuntos habitacionais haviam matado pelo menos um colombiano, porque eles estavam falando sobre isso antes mesmo de a notícia chegar às ruas. Esse era o problema do submundo: tudo o que deveria ser um segredo, na verdade, não era. A reputação é a pedra angular do poder; não pode haver reputação se tudo acontece em segredo.

A reputação do Padrinho era a de ser um homem de negócios muito inteligente, e matar seu fornecedor não seria bom para os negócios. Ele estava mais ou menos isento das negociações duvidosas, mas, independentemente disso, o Padrinho não queria se encontrar com os colombianos, e os colombianos não queriam se encontrar com o Padrinho. Contudo, o Padrinho precisava de coca, e os colombianos amavam o lucro. A solução foi fazer com que Brian lidasse com os colombianos em nome do Padrinho.

Os colombianos cobravam 15 mil dólares pelo quilo de cocaína. Durante três semanas seguidas, Brian comprou 20 tijolos dos colombianos e os entregou ao Padrinho ao preço de 18 mil dólares cada. Ele chegou a fazer 60 mil dólares por semana durante três semanas consecutivas, apenas por estar no meio da transação. Brian explicou que gastou parte de seu dinheiro apenas para se divertir. Nunca esperava pelo troco quando saía. Alguns lugares, como cinemas e pedágios, se recusavam a ficar com o dinheiro extra, então, se ele tivesse notas de um dólar quando voltasse para casa, simplesmente as jogava em um saco plástico. Ele disse que tinha um saco e meio de lixo cheio de notas de um dólar que levava ao banco quando tinha tempo.

A partir daquele momento, não havia como alguém me dizer que eu faria qualquer outra coisa com o resto da minha vida que não fosse vender drogas. "Nem fodendo, porra." Tudo o que aprendi no Programa foi jogado pela janela. Convenci a mim mesmo de que todo mundo para quem eu vendia drogas já estava drogado de qualquer maneira. Eu só queria ter minha vida de volta, como era antes. Na verdade, eu sabia que seria *melhor* do que antes.

Fui picado pelo bichinho da ganância. Eu queria voltar para a boca, vender crack, vender cocaína, vender tudo o que eu pudesse. Tipo, não *daqui a pouco*, mas *agora mesmo*. Eu disse ao Brian que queria entrar para o negócio, e Brian me disse que teria que falar com o filho do Padrinho, Derrick – que tinha sido viciado por um tempo, mas agora estava limpo e de volta ao seu lugar como um garoto de recados de luxo. Só que agora era mais como um gerente de luxo. Ainda não conseguia fazer muita coisa de forma correta, mas era com ele que eu tinha que falar. Quanto ao Brian, ele disse que estava fora do jogo.

Me contou que pegaria seu dinheiro e abriria um Quicklie's. Eu o olhei como se ele fosse um idiota. Era uma das coisas mais loucas que eu já tinha ouvido na vida. Quicklie's era uma rede de restaurantes de âmbito nacional que servia hambúrguer, cachorro-quente, pizza e sorvete. Até vendia café da manhã, embora eu nunca tivesse experimentado. Eu sabia que havia um Quicklie's perto do shopping da Jamaica Avenue e um no cinema grande perto do shopping grande de Long Island, mas não tinha certeza se algum dos dois ainda estava lá. A pizza era horrível, mas o cachorro-quente e o hambúrguer eram bons. Quando eu estava ganhando dinheiro e ia às compras na Jamaica Avenue, sempre comprava o combo de cachorro-quente: dois cachorros-quentes e um refrigerante médio por dois dólares e 50 centavos. Só percebi o quanto sentia falta de comer a comida que eu quisesse quando Brian mencionou o Quicklie's.

Eu sentia falta de tudo: de cachorro-quente com ketchup extra e de compras no shopping, mas, acima de tudo, sentia falta da adrenalina que tinha quando vendia meu estoque e contava meu dinheiro. Mas eu nunca tinha contado 160 mil dólares. Não conseguia imaginar como seria ter tanto dinheiro comigo. Seria como alguém dizer que a Terra está a quase um bilhão e meio de quilômetros do Sol. Não há como computar esse número na minha cabeça. Mesmo assim, achei que comprar um Quicklie's era a coisa mais maluca que eu já tinha ouvido na vida.

Em três meses, o estabelecimento de Brian estava funcionando. Ele colocou o restaurante bem no meio da boca, ao lado da barbearia, onde costumava ser uma loja de calçados femininos. Havia fliperamas na parte de trás e traficantes na frente. Mas, quando os clientes começaram a dizer aos filhos para não irem ao Quicklie's, Brian começou a enxotar todos do quarteirão. Ele estava se tornando correto, mas ainda tinha uma certa aura ao seu redor – pelo fato de ter feito o corre e nos deixar perambular pela loja, as pessoas o olhavam como se ele ainda traficasse.

Foi quando percebi que as pessoas não têm problemas com traficantes, elas têm problemas com *grandes* traficantes. Se as pessoas estão no ponto de ônibus, esperando a condução para ir trabalhar, e veem traficantes na esquina, tudo bem. Mas se elas estão no ponto de ônibus e o traficante passa numa Mercedes-Benz, aí é um problema. Tudo bem ser traficante, desde que ele esteja se ferrando, mas, assim que parece que ele está pegando um atalho, começam a odiá-lo. Quando todo mundo estava fazendo o corre na área, ninguém dizia nada, mas, agora que Brian havia comprado o Quicklie's, tínhamos uma base de operações, e eles odiavam isso. Aos olhos deles, Brian ainda traficava, exceto que agora ele era um chefão. Pensavam que o restaurante era uma fachada e tentavam impedir as pessoas de frequentarem o local.

Ao mesmo tempo, Brian começou a nos afastar da loja. Ele estava falando sério sobre fazer dar certo. Não queria que nada que cheirasse a ilegal se passasse em seu restaurante. Chega de amigos vindo vender caixas de garfos, torradeiras e sacos de lixo. Chega de vadiagem, de jogos de dados, de consumo de maconha. A gente não conseguia entender. Ficamos com raiva. Até eu fiquei com raiva. Que porra era aquela? Ele tinha conseguido o dinheiro do restaurante justamente fazendo o que estávamos fazendo e agora ia nos dizer para dar o fora? E a loja ficava bem no meio do Boulevard, bem na área onde a gente vinha fazendo o corre há muito tempo. Caralho, antes de o homem branco chegar, alguns indígenas provavelmente já estavam vendendo coisas para seus cachimbos da paz bem ali.

Felizmente para mim, naquele momento, eu não estava confiando estritamente na boca para obter clientes. Derrick tinha me instalado em uma casa a alguns quarteirões da Rockaway Boulevard. A casa pertencia ao pai de Ray-Ray, que alugava quatro quartos por 75 dólares por semana; os dois quartos maiores no andar de cima custavam 90 dólares por semana. Eu tinha um quarto. Ray-Ray tinha um quarto. Havia um garoto chamado Markie, que originalmente morava no Harlem, que começou a trabalhar no Queens durante minhas férias. Markie era um playboy do Harlem, de fala mansa, que tinha uma piada para cada onda de seu cabelo perfeito. Tinha um quarto próprio, onde mantinha todas as roupas bem passadas e limpava os tênis com uma escova de dente sete dias por semana. O quarto onde cozinhávamos a coca para transformá-la em crack também servia como área de armazenamento para matéria-prima e armas. Usávamos um quarto para receber meninas quando não confiávamos nelas o suficiente para deixá-las entrar em nossos quartos.

O último quarto ainda estava vazio, mas não por muito tempo.

CAPÍTULO 13

"ESTOU FELIZ POR ELES ESTAREM DO NOSSO LADO..."

Se alguém além do Padrinho sabia o nome verdadeiro deles, nunca disse. Nós apenas os conhecíamos como Grits e Butter,[1] o que fazia sentido porque os dois eram do interior e inseparáveis. Onde um era visto, o outro também era; e onde os dois eram vistos, havia problemas. Tudo o que alguém poderia realmente dizer sobre Grits e Butter era: "Estou feliz por eles estarem do nosso lado". E, se Grits e Butter não estivessem do seu lado, não havia muito a dizer sobre eles, porque você nunca saberia que eram assassinos silenciosos.

Eles tinham vindo da Carolina do Norte. Na verdade, tinham sido *convidados a se retirar* da Carolina do Norte – não expulsos, nem banidos, nem em fuga. Aliás, definitivamente não tinham saído de lá fugidos porque, para começar, Grits e Butter não corriam de nada. Acho que aqueles caras nem sabiam correr. De acordo com eles, foi totalmente uma decisão em conjunto deixar a casa que conheciam para viajar para o Norte. E quanto às múltiplas sentenças de prisão perpétua que enfrentariam se as autoridades os pegassem? *Ah, faça-me o favor.* Eles *escolheram* não enfrentar essas acusações, assim como optaram por deixar três homens mortos, um paraplégico, uma criança em coma e duas mulheres gravemente feridas durante o que deveria ter sido uma coleta de dinheiro de rotina. Diziam que aquele caos tinha sido o resultado de umas dez balas, apesar do fato de que todas as vítimas, exceto uma, estavam correndo no momento em que foram atingidas.

Quando o Padrinho apresentou Grits e Butter para mim, ele disse que estavam lá para serem executores. Não consegui detectar nada

---

1. Em inglês, "grits" é um tipo de mingau de fubá e "butter" significa manteiga. (N. do E.)

especialmente "executivo" neles. Achei que o velho estava me vigiando ou colocando mais nepotismo em prática, como fazia com Derrick.

Grits e Butter gostaram de Markie logo de cara por causa de sua lábia. Entenderam a malícia de Markie como se ele não desse a mínima para ninguém. Os caras não haviam passado muito tempo com moleques da mesma faixa etária deles, o que significava que nunca tinham visto os manos tirando uma com a cara uns dos outros – nada de piadas sobre a mãe alheia ou qualquer coisa do tipo. É como se Grits e Butter não tivessem sido educados, visto que foram criados para a destruição – eram como os melhores alunos de um campo de treinamento de mercenários ou algo assim.

Eu não sabia que Grits e Butter jogavam com regras diferentes até o dia em que comecei a reclamar de um moleque chamado Phil. Já fazia algumas semanas que Phil estava me devendo dinheiro, mas eu não conseguia localizá-lo. Ou eu era azarado ou Phil tinha um radar, porque eu topava com pessoas que tinham *acabado* de estar com ele, que juravam que o cara ainda estava por perto, que o esperavam a qualquer minuto, ou o que quer que seja, e eu *nunca* conseguia encontrá-lo. Então eu disse: "Quando eu achar esse nego, vou acabar com ele."

Grits e Butter estavam verificando o novo conjunto de armas que Derrick havia dado a eles – duas Rugers Parabellum nove milímetros da Série P, de aço inoxidável, com cabos de borracha preta –, exatamente como haviam pedido. Eu, Ray-Ray e Markie estávamos trabalhando em uma linha de montagem: Ray-Ray estava ensacando os pinos em pacotes grandes; Markie estava encarregado de colocar as pedras nos pinos, e eu era o primeiro da fila, cortando as barras de coca em pedrinhas.

Eu estava reclamando do Phil quando cortei meu polegar com a navalha: "Filho da puta do Phil! Olha só o que acontece quando eu penso nesse cuzão! Eu penso nesse cuzão e me corto. Escuta o que estou falando, eu vou matar esse filho da puta quando eu o encontrar". Na verdade, eu só estava falando da boca para fora. Quis dizer que *mataria* em sentido figurado. Além disso, estava puto porque tinha acabado de cortar um pedaço do meu dedo. Mas Grits e Butter simplesmente não entenderam. Se eu soubesse como eles eram, eu teria dito: "Escutem, pessoal, estou um pouco alterado agora. Não quero que vocês saiam e atirem no Phil". Mas eu não sabia como eles eram, então não disse nada, e naquela noite Phil foi morto com tiros no peito à queima-roupa.

No dia seguinte, eu estava contando a todos que tinha ouvido que Phil foi morto. Apesar de a notícia ter mexido com a minha cabeça, pensei: "Bem-feito, tomou no cu". Mas o que realmente mexeu com a minha cabeça foi que Markie estava rindo quando me disse que Grits e Butter mataram Phil. Essa parte me assustou.

Grits e Butter eram daquele jeito por alguns motivos, e eu os descobri ao longo dos anos, enquanto tentava entender como eles funcionavam. Em primeiro lugar, eles eram rapazes do interior, e é sabido que os rapazes do interior odeiam os vigaristas da cidade grande. Para eles, derrubar um ou 12 garotos da cidade é uma vingança pela maneira como o pessoal do Norte os olha com desprezo quando eles vêm à cidade em seus carros luxuosos alugados para comprar armas e vender drogas. Depois, há o fato de que eles já tinham o resto da vida atrás das grades garantido pelo massacre cometido na Carolina do Norte, o que os fez pensar: "Uma sentença de prisão perpétua, duas sentenças de prisão perpétua. Qual é a diferença?" E isso foi tudo o que consegui concluir. Dez anos depois, algumas coisas ainda não fazem sentido. Esses caras eram apenas *desgarrados.*

Na selva, o combate tem seus próprios rituais: sibilar, rugir, bater no peito, marcar território, todo tipo de merda para servir de alerta. Na maioria das vezes, nenhum animal selvagem deseja se envolver em um combate mortal desnecessário – ele prefere assustar um oponente ou escapar de um predador. É praticamente a mesma coisa nas ruas. É justo que as pessoas saibam no que estão se metendo, mas Grits e Butter não possuíam essa cortesia básica; não havia discussão, nem ameaça, nem gestos faciais. Para eles, tudo era somente um alvo.

Cerca de uma semana após o assassinato de Phil, enquanto jogávamos baralho, Saadiq apareceu com o rosto ensanguentado e inchado. Saadiq era um dos funcionários de Ray-Ray, o que significava que, em último caso, estava sob a proteção do Padrinho. Ray-Ray era o tipo de mano que vivia trocando de equipe e só recentemente tinha começado a conseguir seus funcionários, então não foi surpresa ver Saadiq entrando com o rosto inchado. "Que porra aconteceu com você?", perguntou Markie, mas seu tom saiu como se ele estivesse brincando, tipo, "seu preto do caralho, você sabia que seu rosto está fodido como se você tivesse caído da árvore dos rostos fodidos, acertado cada galho no caminho e depois batido com a fuça no tronco só para ter certeza de que se fodeu direito?"

O que aconteceu foi que Saadiq tinha se envolvido em uma discussão que levou a uma briga com Byron e Ricky no Boulevard. Byron e Ricky eram irmãos e, quando dois irmãos com o menor traço de bandidagem decidem distribuir socos, eles são bem generosos. Era evidente, pela pequena cordilheira no rosto de Saadiq, que os dois haviam socado até a alma do cara.

Eu perguntei: "Mas que caralho, mano, você não conseguiu nem cobrir o rosto?" Foi uma pergunta cruel e um momento horrível para fazê-la, mas era o que estava na mente de todos. O silêncio pairou por um minuto, e então entramos em um debate enquanto todos começaram a examinar o rosto do cara, tentando descobrir que tipos de golpe tinham causado tantos danos como aqueles.

"Isso aqui parece um gancho de direita"; "Chega aí, truta, você já deu uma olhada na nuca? Essa merda está toda fodida"; "Você estava no chão ou algo assim? Porque essa marca aqui não parece que foi provocada por um soco"; "Seu nariz está quebrado ou só inchado?"; "Um daqueles pretos deve ser canhoto, porque o seu lado direito está…"

Saddiq ficou possesso com todas essas especulações. "Esses filhos da puta foderam com a minha cara, e vocês estão olhando para mim como se eu fosse a porra de um experimento de laboratório!", ele xingou. Eu estava prestes a sugerir que, se ele tivesse usado um pouco dessa raiva quando foi espancado, talvez não tivesse se fodido tanto. Quando ele disse que precisávamos ver Byron e Ricky, percebi que estava certo. Ninguém podia mexer assim com nossos funcionários.

Esprememos seis malucos na caranga da mãe do Ray. Grits foi dirigindo e Butter do lado dele. Eu, Markie, Ray-Ray e Saadiq nos amontoamos na parte de trás. Quando chegamos na boca, vimos Byron e Ricky parados ao lado do ponto de ônibus. Estávamos abrindo as portas e saindo do carro quando Grits nos disse para esperar. Ele saiu do carro e foi falar com os dois. Os caras ficaram ali conversando por uns três ou quatro minutos. Byron e Ricky estavam tentando explicar o que aconteceu, mas Grits só ia ficando mais puto. Em seguida, Coltrane atravessou a rua e entrou na discussão. Coltrane era um daqueles caras grandes que achava que podia entrar em qualquer merda só porque treinava musculação. Grits deve ter sentido como se Coltrane tivesse dado um soco nele, porque deu um tiro na barriga do mano e foi embora. Byron e Ricky ficaram, tipo: "Puta que pariu", e atravessaram a rua atrás do Donavan berrando: "Socorro! Atiraram nele". E o Donavan ficou, tipo: "Não tenho nada a ver com essa merda". Houve tumulto, apareceu gente de todo lugar, mas, como ninguém tinha visto o acontecimento, ninguém sabia que o tiro tinha vindo do Grits. O cara estava atravessando a rua de volta como se nada tivesse acontecido.

Grits entrou no carro, deu a seta e desaparecemos no meio do tráfego. "É assim que se faz", disse Butter. "Um único tiro, não dez." Eu fiquei, tipo: "Que porra é essa?!", mas não deixei transparecer que estava tão abalado. Depois de um tempo, já não estava mais. Quando Grits voltou, todos naquele carro estavam dispostos a fazer o que ele fez, porque sabíamos que ele não exigiria nada de nós que não estivesse disposto a fazer. Comecei a questionar meu próprio coração para ver se tinha forças para abater alguém tão facilmente quanto Grits e Butter faziam. Ainda ficava nervoso com a possibilidade de atirar em alguém – com exceção daquele dia no conjunto habitacional de Tracee, eu nunca havia atirado em ninguém, e, mesmo naquele caso, foi em legítima defesa. Eu estava no ponto em que poderia atirar em um objeto inanimado, como uma casa ou um carro, mesmo que houvesse pessoas dentro. Mas chegar em alguém e atirar? Isso era outra coisa.

Fiquei esperando a polícia aparecer, mas isso nunca aconteceu, então comecei a perceber que é assim que se resolve. Foi quando entendi que, contanto que você não divulgue suas tretas, pode se safar de um assassinato. É ainda melhor se você não deixa que a treta aconteça. Se alguém te desrespeita, você pode ter em mente que vai pegá-lo, mas não precisa demonstrar que há um problema. Você apenas olha para ele tipo: "OK, esse cara não pode perceber", e então você recua e o liquida.

Algumas semanas depois, Ray-Ray entrou em casa e disse que alguns garotos de Rochdale Village andavam falando merda para Derrick. Um garoto, Jerome, havia comentado sobre as armas que seu bando tinha, tipo: "E aí, negada? Vocês têm ferro? E daí? A gente também tem arma. Muita arma". Alguns dias antes, Derrick havia machucado a perna durante um jogo de basquete; senão, ele próprio teria passado esses moleques. Mesmo assim, ele mandou Ray-Ray ir para casa pegar as armas escondidas no andar de baixo. Ray-Ray estava procurando Grits e Butter, mas eu disse a ele que não precisávamos deles. Seria fácil. Peguei a pistola automática Mac-11 que mantinha em casa, e Ray-Ray pegou sua Tec-9. Então entramos no carro e dirigimos até o parque.

Quando chegamos lá, vi um bando de pretos com tacos de beisebol e sarrafos de madeira. Alguns tinham facas e socos-ingleses de bronze; um cara tinha uma corrente de cachorro. Eu não estava acreditando. Tipo: "Ahhh, foda-se. Não me segura porque eu vou atirar em todos esses filhos da puta só por uma questão de princípio". Eles estavam lá como se estivéssemos nos anos 1970, como se estivéssemos indo para um combate ou algo assim. Isso me irritou mais do que qualquer outra coisa. Eu pulei do carro e dei 32 pipocos naqueles filhos da puta. Não acertei em porra nenhuma além do ar, porque os manos começaram a correr assim que me viram sair do carro. Mas eles devem ter pensado: "Aquele filho da puta não tem limites – ele atira em qualquer coisa a qualquer hora".

Dois dias depois, eu estava na boca quando Derrick apareceu e me pediu para entrar no carro. Ele disse que um moleque chamado Darius estava falando mal dele na esquina. Derrick ia tirar satisfação com Darius, mas precisava de alguém para protegê-lo. Quando paramos o carro, apenas Darius e o Pequeno Stevie estavam do lado de fora. "O resto daqueles pretos deve ter entrado", disse Derrick. "Fica de olho no Stevie."

Ele saiu do carro, tipo: "Fala merda agora". Darius não deu a mínima, simplesmente começou a falar um monte de merda. Então, todos tretaram: Derrick e Darius, e eu e o Pequeno Stevie. Estávamos apenas nos provocando. Eu não estava ativo no boxe naquela época, mas aqueles pretos sabiam que não deveriam mexer comigo porque eu tinha quebrado alguns narizes por aí. Estava prestes a arrebentar Stevie quando Derrick berrou: "Cara, vai se foder! Boo, vai pegar a arma no carro!"

Corri para a caranga e comecei a procurar por uma arma, mas não conseguia encontrar nada. Encontrei os restos mortais de Jimmy Hoffa, o Santo Graal e relatórios sobre abduções alienígenas – mas nenhuma arma. Darius e Stevie correram até a casa em que estavam e bateram na porta. Eles gritavam tão alto que pensei que já tivessem levado um tiro. Enquanto eu estava curvado sobre o banco, procurando a pistola, Derrick entrou, pisou no acelerador e sumimos. Eu estava explicando que não tinha conseguido encontrar a arma quando ele disse que tinha ido embora porque seu pé estava doendo. Eu fiquei, tipo: "O quê? Me leva para casa agora". Fiquei puto. Não havia nada no carro. Ele só estava zoando para assustar os caras. Ele deve ter deixado os caras loucos. Ele me deixou louco.

Mais tarde, percebi que Derrick só tinha me usado para assustar Darius e Stevie. Eu me senti usado, mas também me senti bem. Isso significava que eu estava me tornando um cara de prestígio.

Tínhamos uma boca de fumo na 140 Avenue, que não era necessariamente uma boca de fumo, mas a casa de uma viciada em crack que queria tantos baratos que nos deixou assumir seu cafofo depois que ela ficou sem coisas para vender. A noia ficou de boa com o acordo. Ela nos deixava traficar crack e fazer o que tínhamos que fazer, desde que déssemos um pouco da droga para ela. A filha dela estava fissurada em alguma outra merda e sempre falava demais. "Essa é a casa da mamãe."

A filha via problemas em tudo: reclamava que havia muita gente entrando e saindo e que não limpávamos nossa bagunça. Não importava que mesmo antes de chegarmos lá o lugar fosse um cafofo imundo de crack e que qualquer coisa de valor tinha sido vendida ou fumada. Afinal, era *a casa da mamãe dela*, e ninguém podia desrespeitá-la na casa da mamãe. A garota não parava de reclamar, nem mesmo depois que Butter deu um tiro na perna dela. Era bem louca.

Quando cheguei à boca, vi a filha lá fora segurando o joelho esquerdo. Havia sangue na garagem e um buraco de bala na lateral da casa. E os manos estavam lá dentro assistindo à TV. Eu não conseguia acreditar naquela merda, tipo: "Tem uma noia com a porra de uma bala na perna na porra do quintal, e esses pretos estão vendo TV". Fiz Markie limpar a garagem enquanto Butter e eu largamos a noia baleada em um hospital em Nassau. Eu juro que aqueles caras simplesmente a teriam deixado lá fora.

Não muito tempo depois desse incidente, a casa foi roubada. Todo mundo achou que foi uma armação, porque depois que Donavan bateu na porta alguns caras entraram com armas e tomaram o lugar por causa de, tipo, dois mil dólares em pedras. Grits e Butter discutiram com Ray-Ray porque ele estava com uma arma, então deveria ter protegido o lugar. Mas, no fim, eles acabaram responsabilizando Donavan por ter batido na porta. Três noites depois, Grits e Butter sequestraram Donavan e o levaram para um local remoto perto de City Island, no Bronx. Eles chamaram Ray-Ray e disseram que, ou ele atirava em Donavan, ou eles atiravam nele. Ray-Ray atirou na cabeça de Donavan à queima-roupa, mas, de alguma forma, Donavan sobreviveu. Eu sabia que algo estava mudando em mim quando senti que Donavan estaria melhor se estivesse morto. O preço da vida estava ficando cada vez menor.

"ESTOU FELIZ POR ELES ESTAREM DO NOSSO LADO..."

Depois de apenas seis meses, Brian não conseguiu arcar com os pagamentos pela franquia do Quicklie's e foi obrigado a retirar a placa. No dia em que a placa saiu, houve uma festinha no porão da barbearia – nada grande, apenas algumas pessoas. Antoine tinha acabado de voltar da prisão por conta de um recurso, e sua sorte agora estava nos jogos de dados. Ele ganhou alguns milhares de dólares. E então roubei sua sorte.

Eu sabia, por experiência própria, que os dados eram um jogo de emoção. Se eu o deixasse entrar na minha mente, perderia a sorte. Então, apenas rolei os dados até conseguir pegar milhares de dólares dele. Depois, decidi passar aquele dinheiro para a frente. Liguei para Derrick e paguei uma dívida de 1.700 dólares, contando o dinheiro bem na cara de Antoine. Aí paguei um dinheiro para o Brian negociar algumas peças para minha moto, e isso custou cerca de 800 dólares. Antoine ficou puto porque achou que estava jogando dados com um pirralho, mas o pirralho estava descendo o cacete nele. Ele não conseguia entender o que eu estava fazendo com o dinheiro que passava pelas minhas mãos, e, a seus olhos, aquele era o *dele*, e agora não havia muito na minha mão para o cara recuperar. Quando voltei a jogar novamente, tinha menos de 400 dólares para apostar. Eu havia alterado todo o jogo de Antoine. Primeiro, cavei fundo em seu bolso e depois deixei o buraco lá. Outras pessoas surgiram na mesa, e todos começaram a apostar dinheiro. Antoine ficou animado, porque viu que poderia ganhar alguma coisa. E, por alguma razão, a sorte fugiu de mim e voltou para ele. Antoine começou a se animar enquanto ganhava seu dinheiro de volta. Após cerca de quatro ou cinco jogadas, ele estava de volta ao jogo. Sua sequência foi tão boa que ele continuou ganhando até eu ficar sem dinheiro. Quando viu que eu estava esgotado, Antoine segurou os dados na mão. "O que você ainda está fazendo aqui?", ele me perguntou. "Você precisa de dinheiro para brincar com os adultos. Se não tem dinheiro, não pode ficar na mesa. Não é um esporte para espectadores."

Eu não conseguia entender como esse filho da puta arrumava coragem. Então, pedi a Markie para ir para casa e trazer algum dinheiro que eu havia escondido no cofre. Também pedi para ele pegar dinheiro no quarto de baixo, e Markie sabia o que realmente significava: "Não esquece de trazer minha pistola". Afinal, ninguém guardava dinheiro no quarto de baixo.

"Eu deixei você apostar sem ter nada", falei para Antoine. "Quando você estava na pior, sua palavra foi o suficiente para mim. Vai dizer que a minha palavra não vale os mesmos cem dólares?" Ele olhou para mim, depois para as outras pessoas na sala. Sabia que eu tinha razão, então jogou os dados. Quando caíram, ele parou o jogo e esperou que eu saísse. "Jogue de novo", falei.

"Só o dinheiro fala nesta mesa", ele retrucou. "Todo o resto tem que meter o pé."

Mais uma vez, ele olhou para mim e depois para todos os outros na sala. Eu estava puto, mas me afastei. Encontrei Markie no andar de cima e voltei para a mesa com a pistola enfiada na cintura. Não dou a mínima para quem esse cara *costumava* ser. Os caras do bairro estavam acostumados a discutir, mas eu não discutia mais com ninguém. Quando eu era um neguinho, era normal jogar o jogo na humildade – podia ficar bravo e demonstrar minhas emoções. Mas eu estava chegando ao ponto em que não podia mais fazer isso. Estava me graduando em um nível mais alto do jogo, e havia uma vibração diferente. Não havia espaço para ficar falando merda. Se eu falasse demais com alguém, entrasse na mente dessa pessoa, eu o desrespeitaria e criaria um problema. Se todos ali estivessem jogando no nível em que eu estava, então já estavam no jogo há tempo suficiente para saber que se dissesse que resolveria alguma coisa, eu o faria.

Percebi que as pessoas que realmente importavam nunca diziam nada. Os caras sérios sabiam que era melhor não ter nenhuma conversa nem deixar que alguém soubesse que eles tinham treta com alguém. Se houvesse um problema, apenas dariam uns tiros na pessoa. E depois de essa pessoa levar um tiro, quando estivesse deitada no chão sangrando, ela poderia finalmente entender: "Caralho, acho que irritei alguém".

Quando voltei para a mesa, Antoine me perguntou se eu estava com o dinheiro. Eu respondi que estava chegando, que ele deveria apenas jogar os dados.

"Bem, você pode esperar até receber seu dinheiro", ele disse. "É melhor você baixar a bola."

Falei: "Quer saber de uma coisa? Quando você está certo, você está certo" e me afastei da mesa. "Na verdade, nem quero mais jogar. Mas aquele outro dinheiro? Você não vai ficar com ele."

"O quê?" Ele jogou os dados e começou a contornar a mesa. O cara percebeu que tinha que arregaçar a cabeça de alguém para se restabelecer depois de sua passagem pela prisão, porque às vezes os pretos não te respeitam até que você dê um soco na cara de alguém. Ele estava, tipo: "Se tem que ser em um moleque de 16 anos, que seja". Mas, quando ele me alcançou, encontrou o cano de uma submetralhadora. O filho da puta ficou branco e com o rabo entre as pernas. Todos voaram escada acima porque sabiam que eu atiraria. E como havia pessoas correndo para todos os lados, não consegui dar o certeiro. Dei quatro tiros, mas não acertei em nada.

Mike, o dono, veio e me mandou para fora. Antoine ficou na loja, e isso, enviou um cara, Chris, para apelar, por se envolver em uma merda que não tinha nada a ver. Em outro momento, Chris podia não ser o cara certo para ver, mas naquele dia eu estava puto, então não dei a mínima. Ele chegou falando algo do tipo: "Ele te fez atirar no ar", e eu apenas soquei o rosto dele. Entreguei o ferro para o Markie e entrei na loja. "Vai lá pra fora, já!", gritei com Antoine, antes de Mike me dizer para sair de sua barbearia.

Antoine estava implorando para que Brian o ajudasse, mas Brian ficou fora da treta. "Esse neguinho é louco", ele disse. "Não consigo controlar o cara." Acho que foi isso que *realmente* assustou Antoine, porque Brian sempre tinha sido capaz de me manter na linha. Quando Brian lavou as mãos, Antoine soube que havia dado uma merda grande. Ele não sairia daquela loja. Me sentei no capô do carro dele e esperei até meia-noite para ver se o cara saía. Acabei ficando cansado e fui para casa, mas nunca cheguei a ver aquele moleque sair. Acho que ele está lá na barbearia até hoje.

Algumas pessoas acreditam que Grits e Butter se cansaram de matar nova-iorquinos e orquestraram os eventos no Club 100 como uma grande despedida. Outros acham que os dois eram loucos o suficiente para fazer o que bem entendessem, e é por isso que fizeram aquilo tudo naquela noite. De todo modo, eles haviam passado do ponto em que qualquer um poderia protegê-los, quanto mais controlá-los.

A noite começou de forma inocente. A gente foi à boate do bairro para mergulhar de cabeça no vinho, nas mulheres e na música de um pessoal um pouco mais velho. Era uma boate antiga, mas fomos capazes de nos misturar porque todos nos conheciam. Estávamos todos lá: eu, Ray-Ray, Markie, Grits e Butter. Tudo estava bem, até que começamos a fumar um baseado no canto da boate, e o segurança nos mandou apagar.

Markie continuou tragando e soprou a fumaça no rosto do segurança antes de passar o baseado para Ray-Ray, que começou a falar merda, porque alguns dos outros clientes estavam fumando do outro lado do salão e ninguém estava dizendo para eles jogarem porra nenhuma fora. Enquanto falava merda, Ray-Ray passou o baseado para Grits, que ou não entendeu o segurança, ou não conseguiu ouvi-lo ou (e isso é o que eu realmente acho que aconteceu) não acreditou que o segurança tinha tido a audácia de dizer a eles para jogarem tudo fora. "O que você disse?", Grits perguntou ao segurança, tossindo por conta da maconha.

"Eu disse para jogar a porra da erva fora!"

O segurança gritou tão alto que não tinha como Grits não ter ouvido. Mesmo assim, esse maluco agiu como se a mensagem fosse para outra pessoa. Ele se virou para Butter. "Ele está falando comigo?"

"Sei lá", respondeu Butter. "Por um minuto, achei que ele estava falando comigo. Talvez ele esteja falando com a parede." Butter encolheu os ombros.

"Deve ser."

"É…"

Eles não estavam dando a mínima para o segurança. Então, Ray-Ray começou a falar um monte sobre discriminação, tornando tudo ainda pior. O segurança ficou puto e tentou nos expulsar, chegando em Grits e Butter primeiro. Eles começaram a brigar na boate, e o segurança estava levando a melhor sobre Butter. Nesse ponto, eles levaram a briga para fora.

Fora da boate, o segurança se envolveu em uma troca de socos com Grits, enquanto Butter desapareceu sem ninguém perceber. O cara acabou com o Grits, então, com um golpe, jogou Markie no chão. Em seguida, ele voltou a atenção para mim. Meu instinto de boxe entrou em ação, mas eu estava assustado porque tinha visto ele acabar com seus dois primeiros oponentes. Ele era um daqueles caras mais velhos de antigamente, de quando uma porrada séria era tudo. Não vi falha nenhuma em sua técnica; eu me endireitei e esperei que o pior acontecesse. Eu estava meio certo.

O cara olhou por cima do meu ombro. O rosto dele ficou branco, como se estivesse vendo o fantasma de alguém de quem realmente não gostava. Eu me virei e vi Butter correndo em minha direção, com a arma empunhada. Eu me movi bem a tempo de escapar de um tiro. O segurança levou uma bala no peito e atravessou a rua correndo. Havia uma pequena multidão lá fora, mas todos fugiram quando o tiroteio começou. Butter estava correndo atrás do segurança com a mão estendida, o dedo apertando o gatilho sem parar. Eles ziguezagueavam pelo tráfego e o barulho dos tiros enchia o ar. *Pow! Pow!* A cada tiro, o corpo do segurança estremecia e mudava de direção, até que ele desceu os degraus de uma escola. Então Butter correu até o cara e esvaziou o resto do pente nele. *Pow! Pow! Pow! Pow! Pow! Pow! Pow! Pow! Pow! Pow! Pow! Click. Click. Click.*

De 17 balas, 16 acertaram o alvo. No dia seguinte, o Padrinho comprou duas passagens de avião e mandou aqueles dois malucos para o Alabama, e Grits e Butter nunca mais pisaram em Nova York. Mas, a essa altura, eles já haviam alterado meu modo de raciocinar. Atirar em alguém agora não era nada para mim.

CAPÍTULO 14
"QUANDO CHOVE, É SEMPRE UM DILÚVIO…"

Qualquer um que se dedica muito ao corre pode ser preso. Na verdade, a pessoa com certeza será presa – as chances simplesmente não estão a seu favor. Um bom traficante não tira férias, o que significa que comete crimes 365 dias por ano. Se você trabalhar duro, facilmente acumulará alguns milhares de crimes por ano. Basta um incidente para você ser enviado para a prisão.

No dia em que minhas chances acabaram, eu saí bem cedo para realizar algumas vendas matinais. Condutores de trens, funcionários de escritório, professores – esse tipo de pessoa é conhecido por deixar de lado o café e os donuts para ir em busca de crack para começar o dia. É possível fazer um bom dinheiro na hora do rush matinal, então fui me sentar em um banco de parque. Eu estava com fones de ouvido, e Tricia, a garota que trabalhava comigo, sentou-se a alguns metros de distância em um banco separado. Parecíamos crianças esperando o ônibus para ir à escola.

Um cara que eu nunca tinha visto antes se aproximou de mim e perguntou onde podia conseguir um pouco de heroína. Eu já havia passado por isso uma vez e não seria pego novamente. Dificilmente um noia corre até uma pessoa aleatória e pede drogas, porque não quer que todos saibam do seu vício. Eles sabem quem faz o que e aonde devem ir. Então, quando esse cara começou a me perguntar sobre drogas, eu disse a ele que não sabia nada a respeito nem conhecia ninguém que vendesse. Disse que estava apenas esperando um amigo chegar para praticar corrida.

O cara ficou, tipo: "Bem, hmm, então, quando eu venho por esse caminho, geralmente vejo um cara que, hmm, geralmente está por aqui andando de moto". Eu pensei: "Eu ando de moto e eu faço o corre. Na verdade, sou o único por aqui que faz o corre e anda de moto, então, se você está falando de mim e não sabe que está falando de mim apesar de estar falando comigo, eu definitivamente não te conheço". Eu falei: "Não sei de quem você está falando..."

O cara não ia embora e continuou me perguntando se eu estava "trabalhando". Mandei que ele me deixasse em paz e fiz um sinal para que ele saísse de perto de mim. Em vez de ir embora, o cara caminhou até Tricia e teve a mesma conversa com ela. Dessa vez, ele mudou a estratégia e disse que eu o havia enviado. Tricia não sabia sobre o que o cara e eu havíamos conversado. Ela só nos viu juntos e imaginou que eu havia autorizado a venda, então entregou a ele 25 dólares em crack.

Cinco minutos depois, três carros de agentes à paisana pararam em frente aos bancos e me prenderam. Quando revistaram Tricia, encontraram 36 pinos de crack e 12 pacotes de heroína em sua calcinha. "De quem são essas drogas?", o policial me perguntou.

Eu o ignorei, então continuaram a fazer aquelas perguntas imbecis que só os policiais fazem quando estão tentando obter uma confissão. Um deles olhou minha identidade e perguntou: "Curtis Jackson? É você? Você é Curtis Jackson?" Outro olhou para meu walkman e perguntou: "Você está aqui só ouvindo música? O que você está ouvindo?" O que olhava minha identidade perguntou: "Onde você mora, Curtis?", o que não fazia sentido, considerando que ele estava olhando para a porra da minha identidade. Então, aquele que estava interessado nas minhas escolhas musicais ficou tipo: "É um pouco cedo para estar na rua, não é, Curtis?" O cara com a identidade voltou à pergunta original: "De quem são essas drogas?"

Quando você é preso pela polícia, é melhor não falar merda. Eu deveria ter mantido isso em mente, mas minha paciência estava se esgotando e decidi responder às perguntas de maneira imbecil, tão imbecil quanto elas eram. Quando eles perguntaram meu nome, eu fiquei, tipo: "Não é o que diz aí?" Quando eles perguntaram se eu estava ouvindo música, respondi: "Agora não. No momento, estou respondendo às perguntas". Quando comentaram que era cedo, eu disse que não tinha certeza, porque não conseguia ver meu relógio com as mãos algemadas nas costas. Perguntaram onde eu morava, e eu respondi: "Na minha casa". Quando me perguntaram a quem pertenciam as drogas, eu disse: "Não sei. Onde você as encontrou?"

Na delegacia, começaram a fazer pressão psicológica em Tricia e disseram que eu havia aberto o bico. "Você ouviu o que ele disse quando lhe perguntaram de quem eram as drogas", os policiais disseram. "Ele disse: 'São dela. Você não encontrou tudo na calcinha dela? Então, as drogas são dela'."

Claro que eu nunca disse "As drogas são dela", mas, depois que começaram a forçar isso na mente de Tricia, pareceu ser verdade. Então, disseram: "Sabemos que essas drogas não são suas. Tudo o que você precisa fazer é nos dizer de quem são e não precisará cumprir pena. Vai ter liberdade condicional".

Tudo que acontece comigo vem de forma intensa. Tipo, quando chove, é sempre um dilúvio. Mas nunca dura muito tempo. Se alguém olhasse minha ficha criminal, pensaria: "Caramba, essas três semanas foram difíceis pra você, não?" E então haveria um longo tempo sem nada, até que diriam algo como: "Caramba, aconteceu bem aqui, de novo". Seria algo como um daqueles medidores cardíacos, quando o coração da pessoa só bate, tipo, uma vez por minuto – exceto que o meu batia por três semanas a cada dois anos.

Três semanas depois da prisão, eu estava descansando em meu quarto com Donna, que estava prestes a se tornar minha namorada. Era de manhã cedo quando a campainha tocou e eu confundi com o alarme. Estendi a mão, apertei o botão de soneca e comecei a pensar sobre a audiência no tribunal, que aconteceria naquela mesma manhã. Achei que a audiência fosse apenas uma formalidade. O caso do Estado contra mim era inexistente. Eu não estava em posse de nenhum narcótico ilegal. Não tinha me envolvido em nenhuma conversa que pudesse me relacionar com a prisão de Tricia. Me gravaram dizendo ao homem para me deixar em paz. Eu não era um traficante de drogas e disse ao grande júri – e eu sabia que eles iriam concluir que não havia provas suficientes para me levar a julgamento. O promotor me pediu para recontar os acontecimentos da manhã em questão, e eu disse que estava sentado em um banco, era muito cedo, quando um estranho apareceu e começou a fazer perguntas sobre minha situação laboral. Eu disse que não tinha certeza sobre a linha de questionamento do homem porque, na ocasião, estava com fones de ouvido e esperava meu parceiro de treino aparecer. Eu disse ao júri que era um boxeador dedicado, que corria cinco quilômetros ao redor do parque pela manhã como parte da minha rotina de exercícios físicos. Eu até tinha feito Markie esperar no corredor, e ele estava mais do que disposto a entrar e corroborar minha história.

O promotor continuava me perguntando a mesma coisa sem parar, e eu continuava dizendo a ele a mesma coisa sem parar: "Eu só estava tentando tirar o homem de perto de mim. Não sei de onde o senhor vem, mas, de onde eu venho, pela manhã há muitos viciados em heroína. Se conversa muito com eles, mas não tem o que querem, eles podem te machucar. Parecem não ter assumido a responsabilidade por suas vidas e têm raiva de si e do mundo ao redor. Eu estava na rua de manhã, antes de correr, porque sou boxeador e corro cinco quilômetros por dia na maioria dos dias da semana. Às vezes, as pessoas me pedem informações e, quando não tenho a menor ideia de aonde querem ir, em vez de não dizer nada, digo: 'Acho que é para lá', porque não quero irritar ninguém. Então, digo a eles: 'Desça o quarteirão' ou 'Acho que é por aqui'. Não sei por que estou aqui. Se uma criança me pergunta onde fica o mercado, e eu mostro o mercado e ela entra lá e compra uma cerveja, isso não me torna culpado por vender álcool a um menor. Eu não vendi nenhuma droga. Estou nesta situação sem motivo. Vamos ouvir a fita. Pode tocar a fita e ouvir a conversa você mesmo".

O alarme tocou de novo. Eu bati no botão de soneca e me preparei para levantar, quando o alarme tocou pela terceira vez. Então, ouvi um som de metal batendo contra metal vindo do andar de baixo e percebi que era a campainha – não o alarme – que tinha acabado de soar. Não havia como confundir esses ruídos. Só a polícia faria um barulho tão alto para chutar uma porta, ainda mais às oito da manhã. Ouvi o cilindro da fechadura frontal bater no chão e tentei juntar as drogas e a parafernália que havia no quarto.

Ouvi o portão de segurança abrir e a segunda porta de madeira bater contra a parede. O som dos passos dos policiais ecoou nas escadas. Dava para ouvir os caras amontoados do lado de fora da minha porta, e então eu soube que não teria tempo nem para sair pela janela, muito menos para me livrar do produto no quarto. Jogar qualquer coisa no vaso sanitário não era uma opção. Eu me xinguei por não ter tido tempo de mandar alguém equipar o quarto; em troca de alguns pinos de crack, um pedreiro poderia ter instalado um encanamento que levasse a uma caixa de pedra fora de casa. Era uma ideia a desenvolver.

Os policiais invadiram e encontraram o baú do tesouro: 280 gramas de crack, 115 gramas de heroína, materiais para corte, pinos, saquinhos e mais de 15 mil dólares em dinheiro, dos quais apenas 695 foram enviados como evidência do crime. Era um preço pequeno a pagar, considerando que as gêmeas Rugers de nove milímetros, usadas por Grits e Butter, ainda estavam no quarto do andar de baixo.

Eu estava diante de uma pena de prisão de três a nove anos devido à posse criminosa de uma substância controlada com intenção de venda. Negar a posse não era uma opção, e a polícia seguiu a lei à risca ao me prender. Eles obtiveram um mandado de busca e apreensão, o executaram e descobriram que minha residência era uma boutique de drogas. A única forma de me livrar de uma sentença longa, segundo meu advogado, era participar do Programa de Encarceramento de Choque do Departamento de Serviços Correcionais do Estado de Nova York. A natureza de meus crimes, os antecedentes, minha idade e a elegibilidade proposta para liberdade condicional me tornaram um ótimo candidato para participar do Programa, o que reduziria minha pena.

Nova York tinha iniciado o Programa em 1987. Combinava o melhor do treinamento militar e das restrições da prisão com a abordagem da rede de terapia para abuso de substâncias – esta última parte era algo com que eu já estava familiarizado. De acordo com o que eu tinha lido, o encarceramento de choque foi projetado para estabelecer um senso de caráter adequado, enquanto estimula a responsabilidade e uma autoimagem digna nos participantes, a fim de reintroduzi-los na sociedade como cidadãos cumpridores da lei. Certos infratores – principalmente aqueles acusados de crimes violentos ou crimes sexuais e aqueles considerados passíveis de fuga, como ladrões de automóveis – não eram elegíveis. O Programa de Choque consistia em um rígido regime físico, tratamento para abuso de substâncias e um treinamento acadêmico extenso. O Estado o preservou devido à sua capacidade de reduzir os grandes custos operacionais e de capital que acompanhavam as estadias mais longas nas prisões. Os presos impactavam ainda mais nos resultados financeiros, realizando mais de um milhão de horas de serviço comunitário por ano, na forma de limpeza de florestas, reconstrução de comunidades e outros trabalhos de renovação rural que, de outra forma, teriam subtraído dezenas de milhões de dólares do orçamento do Estado. Os participantes do encarceramento de choque também exibiam melhores taxas de reincidência do que presos normais após a soltura devido ao Pós-Choque – o cronograma intensivo de liberdade condicional comunitária de um ano, que se seguia à prisão.

E, o mais importante, esse regime reduziria minha pena de três a nove anos para seis meses. Eu fiquei, tipo: "Onde eu assino?"

CAPÍTULO 15

"VOCÊ PODE ME MANDAR PARA A CADEIA, MAS NÃO VAI ME FAZER CORRER NA ÁGUA FRIA..."

A Unidade Correcional de Encarceramento de Choque de Monterey ficava localizada sobre quatro mil hectares de floresta em Beaver Dams, Nova York – a cerca de cinco horas de distância da cidade. Não havia paredes de concreto com arame farpado, nem torres ocupadas por um atirador de elite, nem barras de aço cinza – apenas floresta. Um emaranhado interminável de galhos e grama levava ao tipo de montanhas pelas quais os filhos da puta vagueiam quando estão procurando por si mesmos.

O lugar era administrado por um grupo de antigos instrutores de treinamento militar que achavam que as sessões curtas de treinamento nas Forças Armadas não lhes davam tempo suficiente para lidarem adequadamente com as pessoas fodidas. Esses desgraçados tinham prazer em reabilitar o mesmo lote de ingratos dia após dia durante seis meses. Mas, para piorar, não éramos cadetes, éramos presidiários. Se não gostássemos do Programa de Choque, era bastante simples solicitar uma licença e ser transportado para uma prisão de verdade para cumprir a pena completa. Mas o fato é que os presos chegavam ao choque para escapar das penas maiores. O encarceramento de choque era horrível; os instrutores não sabiam nada além de disciplina e dor e tinham um público cativo para fazer experiências.

Primeiro, os presos recebiam orientações no Centro Correcional de Downstate, que também funcionava como centro de processamento para todos os que entravam e saíam do Programa. O processamento consistia em uma sessão de duas semanas, na qual passávamos por uma avaliação psiquiátrica e por exames físicos para ter certeza de que poderíamos lidar com o que estava por vir. Mais de um em cada três candidatos não passava no processo de seleção. Alguns simplesmente não estavam física ou mentalmente preparados para o regime; depois de ver de perto o que os esperava do outro lado da viagem de ônibus, outros decidiam que preferiam se arriscar no ambiente relativamente humano de uma prisão de verdade.

Foi durante meu período de orientação que conheci um garoto do Brooklyn chamado Rahmel. Rá, como eu o chamava, também estava cumprindo pena por várias acusações envolvendo drogas, nenhuma violenta. Na verdade, Rá era um assaltante juvenil que conseguiu dar fim no ferro dele antes de ser preso com um grande saco de crack roubado. Isso me deu uma ideia, e eu disse a ele que iria procurá-lo quando nós dois voltássemos para casa. Mas, primeiro, tínhamos que passar pelo choque.

A floresta era uma loucura. Não havia histórias de meninos que se afogaram no lago enquanto corriam com máscaras de hóquei. Porém, havia instrutores com mandíbula quadrada que garantiam que, a menos que você fosse a porra do melhor escoteiro já produzido pelas tropas, ficaria perdido muito além dos seis meses que deveria cumprir, caso tentasse fugir. Os instrutores também avisaram que os poucos presos que foram burros o suficiente para fugir foram todos pegos horas depois. Eles nos disseram que, na história do campo, tinha havido apenas um incidente de desordem na população de choque. Apenas um. Esse incidente específico ocorreu apenas quatro dias após a abertura do campo e foi rapidamente controlado. Desde então, não tinha havido mais do que uma briga de socos no local.

Havia um instrutor sargento que era louco, como se estivesse em choque por um trauma de guerra, ou sei lá. Ele tinha uma expressão nos olhos como se ainda estivesse na guerra. Seu nome era sargento Napparan, e seu corpo todo ficava concentrado em menos de 1,60 metro de altura. Ele era 75 quilos de puro músculo, e 50 deles ficavam pendurados entre suas pernas. E esse filho da puta estava no comando do meu pelotão.

Certa manhã, após o despertar das 5h30min, ele liderou o pelotão até o estacionamento do acampamento para fazermos os exercícios calistênicos matinais. Estava tão frio que dava para ver a respiração saindo da minha boca e voltando para dentro para se aquecer. Napparan nos fez ir para o chão para fazer flexões, mas um interno se recusou. Ele pediu permissão para falar. Napparan foi até o cara, inclinou-se para trás em

"VOCÊ PODE ME MANDAR PARA A CADEIA, MAS NÃO VAI ME FAZER CORRER NA ÁGUA FRIA..."

um ângulo de 45 graus para fazer contato visual e perguntou por que ele não estava na posição de flexão. O interno meio que deixou claro que estava frio demais, e que ele estava pronto para ir para a cadeia. "Senhor, o interno solicita uma transferência do Programa de Encarceramento de Choque!"

Mas o instrutorzinho maluco não ia deixar o filho da puta ir embora assim. Ele ficou gritando na cara do interno, falando um monte de merda. Mesmo assim, o cara continuou com a sua ladainha sobre estar muito frio e sobre querer ir para a cadeia. "Senhor, o interno solicita uma transferência do Programa de Encarceramento de Choque!"

Napparan perguntou ao cara qual era a Primeira Ordem Geral. Havia Dez Ordens Gerais que tínhamos que memorizar; a primeira era: "Seguirei todas as ordens dadas por todos os funcionários em todos os momentos". Esse recluso não deu a mínima para nada disso. Ele só queria ser dispensado para que pudesse começar seu processo de transferência. Ele estava lá fazia apenas dez dias e não conseguia sentir os dedos das mãos nem dos pés. Estava pronto para ir para a cadeia. "Senhor, está muito frio para o interno!", ele gritou. "O interno recebeu apenas um moletom e um par de tênis de pano, senhor! Está muito frio para o interno! Senhor, o interno solicita uma transferência do Programa de Encarceramento de Choque!"

Depois de um segundo instrutor, junto com o pessoal de segurança, escoltar o preso até o escritório para preencher os formulários de transferência, Napparan olhou para nós e perguntou: "Está muito frio para o resto de vocês?"

Eu respondi: "Senhor, está frio aqui fora, senhor!"

"Frio?", ele perguntou. "Dá para ir à praia com este tempo, porra! Se aqui tivesse uma piscina, todo mundo ia nadar pelado. Para o chão e pague 50!" Enquanto fazíamos nosso treino, o sargento Napparan tirou o moletom, se esticou no chão nas pontas dos pés e começou a nos acompanhar com flexões duplas, enquanto xingava e nos dizia para contar cada vez mais alto e mais alto. Ele passou o resto do treino matinal com o peito nu.

Antes que o exercício terminasse, mais duas pessoas desistiram. Ao fim de meia hora de corrida matinal pelo terreno, outros quatro desistiram. Era como se ninguém quisesse ser o primeiro a desistir, mas depois disso foi, tipo: "Foda-se". Tivemos que fazer uma série de 50 flexões para cada interno que desistia.

O regime físico era apenas uma parte da merda mental. A outra metade da merda consistia em reuniões diárias, horas de trabalho e treinamento acadêmico. Como eu estava familiarizado com essa merda, por conta da minha primeira experiência de reabilitação, aquilo não era nada para mim. E o boxe tinha me preparado fisicamente, então era difícil para essas coisas me atingirem tanto quanto o sargento gostaria. Ele começou a me odiar de verdade e a me chamar de "Puta do Caralho". Mas eu não iria para a cadeia – nem mesmo por causa dos jogos mentais de Napparan. Não mesmo.

Uma tarde, estávamos derrubando árvores. Fui incumbido de trabalhar com outro preso, Randy Vasquez, que era chamado de "Merdinha". Usaríamos um daqueles serrotes para duas pessoas. Éramos os dois idiotas – a Puta do Caralho e o Merdinha. Napparan imaginou que nos fazer trabalhar juntos nos tornaria melhores, mas ele estava errado. Enquanto os outros presos começavam o trabalho nas árvores usando machados, Randy e eu deveríamos ficar em posição de sentido até chegar a hora de entrarmos em cena com nosso serrote. Mas eu não estava em posição de sentido; eu estava à vontade. Até hoje não acho que haja tanta diferença, mas o instrutor levava aquela merda muito a sério.

Randy era um idiota, mas um tipo de idiota oposto a mim. Por exemplo, quando chamavam a atenção do pelotão no quartel e nos mandavam fazer menos barulho, eu permanecia em silêncio, a menos que Napparan estivesse bem na minha frente. Randy, por outro lado, gritava alto e fazia umas expressões faciais loucas e exageradas. Tudo o que ele fazia era exagerado – ele marchava em ritmo acelerado como se estivesse tendo um ataque e, durante os exercícios, cantarolava o tema de *Rocky Balboa* e sussurrava: "Adrian". Assim, enquanto eu estava relaxado, Randy estava tão rígido quanto uma barra de aço.

> "VOCÊ PODE ME MANDAR PARA A CADEIA, MAS NÃO VAI ME FAZER CORRER NA ÁGUA FRIA..."

Eu tive que fazer 50 flexões e, em seguida, tivemos que derrubar a árvore. Depois, recebemos ordens de voltar à posição de sentido para aguardar a próxima árvore que precisasse ser cortada. Quando chegou a hora, nós dois fomos pegos sentados nos troncos. Napparan decidiu que, como gostávamos tanto de troncos, ele nos faria carregar toras pelo resto de nossa estadia. Ele disse que, se fôssemos pegos fazendo algo simples, como mijar, sem uma tora em nossas mãos, seríamos presos.

Randy e eu carregamos essas toras pelo resto de nossa estadia, embora a minha estadia tenha sido mais longa do que a dele. Comíamos, dormíamos, cagávamos e malhávamos com aquelas toras debaixo do braço. A minha tora virou uma parte tão importante da minha existência que, quando finalmente fui capaz de me mover sem ela, me senti nu, como se estivesse faltando uma parte de mim.

Em uma manhã, quando o pelotão estava correndo, Napparan ordenou que marchássemos para a esquerda. Marchar para a esquerda significava que o pelotão teria que correr dentro de um lago com profundidade até a cintura. Eu pensei, "Nem fodendo". Eu era um garoto da cidade, e correr na água estava fora de cogitação. Para mim, o lago era um pântano cheio de lírios d'água, insetos, crocodilos e Deus sabe o que mais. Continuei a marchar ao lado da estrada enquanto o pelotão corria pela água. Eu olhei e vi Randy chapinhando na água como um pato ferido. A tora estava sob seu braço direito e ele esguichava jatos de água pelo rosto. Quando voltamos para o estacionamento, Napparan disse: "Ora, ora, que porra é essa? Alguém pode me dizer o que há de errado com esta imagem?"

Todo mundo estava molhado e enlameado até os joelhos, exceto eu. Era óbvio que um desses moleques estava fazendo um treinamento à parte. "Senhor! O interno Jackson não está molhado, senhor!", Randy gritou. Ele estava molhado até o peito, com lama e gravetos.

Napparan parou perto do meu rosto. "Jackson, por que diabos não está molhado?!?"

Eu menti, disse que com a minha asma, minha alergia à água e meu medo de me afogar… além de um leve resfriado que estava pegando… na verdade era uma gripe… A gripe estava me afetando. Desde a noite anterior, eu tinha aquela sensação de arranhado e coceira no fundo da garganta, que sempre sentia um pouco antes de pegar uma gripe. Eu disse a Napparan que devia ter contraído quando fui mordido por uma abelha africana. Eu disse que primeiro a abelha me mordeu, depois me picou. "Devia ter visto os dentes dela, senhor." Falei: "Foi isso que me resfriou… quero dizer, gripou. Na verdade, pode ter sido um vírus mortal. Não podia arriscar comprometer meu sistema imunológico correndo na água". Isso tudo era compreensível, não era, senhor?

Eu tinha certeza de que seria mandado para a cadeia, mas não me importei muito. Entre o tronco e as flexões extras, Napparan parecia decidido a me quebrar. Se aquele maluco esperava que eu corresse pela água apenas para que ele pudesse me eliminar, ele teria uma surpresa. "Foda-se", pensei. "Você pode me mandar para a cadeia, mas não vai me fazer correr na água fria."

"Você acha que vai se livrar de mim tão fácil assim, sua Puta do Caralho?", Napparan perguntou. "Nem o irmão mais velho de Lúcifer conseguiria se livrar de mim sem meu consentimento! Some da minha frente. Vá até a enfermaria e volte quando lhe derem um atestado. Eu tenho um treinamento especial projetado para você, sua Puta do Caralho."

No outro dia, Napparan me deu o exercício mais difícil já conhecido pelo homem. Devo ter feito mil flexões, agachamentos, abdominais e corrido o país inteiro. O exercício foi tão intenso que nem Randy viu graça nele. Na manhã seguinte, acordei mais dolorido do que jamais estivera em toda a minha vida. Parecia que cada centímetro do meu corpo tinha sido golpeado com um martelo de carne. Eu sentia tanta dor que provavelmente teria chorado se não houvesse um monte de gente por perto.

Durante a inspeção, mal consegui segurar minha tora. Eu apenas a descansei no meu quadril; parecia que o tronco estava me segurando, não o contrário. Olhei para o beliche de Randy; ele estava em posição de sentido, mas seu tronco estava na cama. Eu o encarei. Queria dizer a ele para pegar seu tronco, mas eu mal conseguia me mover. Acho que balancei a cabeça, mas não tenho certeza. Até os músculos do meu pescoço pareciam pegar fogo toda vez que eu tentava me mover. Randy apenas olhou para mim. Não fez sequer uma careta de brincadeira. Ele apenas encarava o nada. O cara estava acabado, estava pronto para ir para a prisão. Nem podia culpá-lo: Randy foi condenado a um ano de prisão e, entre o período em que aguardou o julgamento em Rikers Island e o período em Monterey, só teria de cumprir alguns meses em uma prisão estadual normal antes de voltar para casa. Isso em um lugar onde não haveria toras e nenhum louco gritando. Tive inveja dele.

Daquele ponto em diante, a única coisa em que me concentrei foi em terminar o Programa de Choque e sair dali. De certa forma, Napparan me quebrou, mas de jeito nenhum eu deixaria que ele vencesse. Me empenhei em meus estudos e obtive meu diploma de supletivo em um mês. Então, comecei a aplicar meus antigos golpes de reabilitação durante as sessões de terapia. Eu me saí tão bem que até consegui liderar o pelotão por alguns dias.

Quase no fim do meu período no encarceramento de choque, o pelotão estava tendo dificuldade com os exercícios de improviso, o que era um grande problema, porque não poderíamos nos formar a menos que fizéssemos tudo corretamente. Napparan ficou, tipo: "Que porra é essa com esse pelotão? Só o que vocês sabem fazer são flexões!"

Falei: "Senhor, o líder do pelotão não ensinou os exercícios de improviso, senhor. O pelotão não conhece o improviso, e não há como o pelotão aprender os exercícios de improviso sem um líder de pelotão que possa ensiná-los, senhor".

"Bem, que porra é essa, Jackson?", ele exclamou. "Nunca pensei que diria isso, mas você tem razão. Pela primeira vez em sua vida miserável, você está certo." Ele pegou o bastão de liderança do pelotão e me deu. "Jackson, largue essa tora. Você é o novo líder do pelotão."

Eu conhecia bem os exercícios de improviso porque eram uma versão menos rigorosa da surra que Napparan me deu depois que me recusei a correr no lago. Era mais para exibição, apenas movimentos rápidos com floreios extras com os quais eu já tinha familiaridade. Mas eu não só liderei o pelotão na simulação de exercícios, como também os conduzi por alguns dos outros exercícios malucos com os quais eu havia sido punido. O único problema era que, por causa do meu descumprimento anterior, eu tinha sido obrigado a marchar para todos os lados em tempo duplo, de modo que havia esquecido todas as cadências normais. Eu fazia o pelotão dobrar o tempo o dia todo, todos os dias: dobrar para marchar, dobrar para ir ao quartel, dobrar para almoçar. Depois de cerca de três dias, o instrutor principal perguntou a Napparan o que diabos havia de errado com o pelotão dele. "Eles estão dobrando o tempo em todos os lugares como idiotas!"

Eu disse a Napparan que achava que a vida do pelotão estava fácil demais. "Senhor, acho que o dobro do tempo é mais disciplina para o pelotão, senhor", menti. "Sério, acho que eles estão precisando dos benefícios de um treino verdadeiramente extenuante, senhor."

"Não me venha com essa merda, sua Puta do Caralho!", ele disse. "Você não conhece nenhuma das outras cadências, não é?"

"Senhor, agora que mencionou, as outras cadências parecem ter desaparecido da minha memória curta, senhor!"

"Sua Puta do Caralho! Me entregue esse bastão!"

Estávamos a apenas alguns dias da formatura, então eu realmente nem liguei. Estava indo para casa. Eu voltaria às ruas, e nem de longe havia me reabilitado. Na verdade, eu tinha me tornado um criminoso mais forte, mais cruel e mais focado.

CAPÍTULO 16

"FOI QUANDO COMECEI A PENSAR GRANDE. REALMENTE GRANDE…"

Fazia seis meses que eu tinha voltado para casa. Ainda estava sob supervisão intensiva do Programa de Choque, indo a vários programas e me encontrando com o oficial da condicional três vezes por semana. Mas voltar ao jogo das drogas não foi tão difícil. Depois de acordar às 5h da manhã todos os dias durante seis meses e trabalhar constantemente em alguma coisa, fui condicionado a maximizar meu tempo. Entre as visitas da condicional, consegui ganhar dinheiro suficiente para comprar uma segunda motocicleta, uma Suzuki GSX-R750 nova, branca e azul – um demônio da velocidade, se é que já houve um. Depois comprei um SUV.

Quando cheguei à concessionária da Toyota, estava vestindo uma camiseta branca desbotada, levava uma mochila nas costas, usava meus fones de ouvido e tinha uma garrafa de suco na mão. Eu estava usando roupas sujas porque tinha dinheiro. Parece estranho, mas aprendi que as pessoas tratam bem uma pessoa quando pensam que ela tem um pouco de dinheiro. Todos estão dispostos a fazer um favor por alguém que não precisa de um. Quando você está voando alto, com boa aparência e tem um bom carro, as conversas se abrem para você. Mas, quando está quebrado, ninguém quer nada com você. Assim, guardei minhas roupas boas até precisar projetar a imagem de que estava indo bem. E, sempre que eu realmente estava indo bem, não me importava muito com a aparência, porque o dinheiro fala. Quando comecei a fazer rap, coloquei na minha música: "Eu deixo minha corrente falar por mim, eu deixo meu relógio falar por mim".

"Quero comprar esse carro" disse ao vendedor. Eu estava apontando para um Land Cruiser preto novo em folha.

O vendedor olhou para mim e respondeu: "Some daqui, moleque". Ele provavelmente trabalhava por comissão e me olhou como se eu fosse um garoto que acabara de chegar da recuperação da escola. Eu repeti que queria comprar o carro, e ele apenas olhou para mim, sem dizer nada por um tempo. Quando viu que eu não iria embora, continuou: "Não tenho tempo para brincadeiras".

Fui para o escritório dos fundos, onde estava o gerente, Nick. Era óbvio que era Nick quem administrava o negócio, então fui do showroom para a sala que parecia pertencer ao cara com quem eu precisava conversar. Fui para os fundos com meus fones de ouvido ainda tocando música; eu os havia tirado das orelhas, mas não tinha parado a fita. Estava ouvindo o *Ready to Die*, álbum do Notorious B.I.G. Eu tinha parado de prestar muita atenção ao hip-hop até aquele álbum ser lançado. Antes disso, havia muito rap com "punchlines": "Enfia uma moeda de 25 centavos na bunda porque você se fodeu". Essa merda até era legal, mas não o suficiente para prender minha atenção. *Ready to Die* mudou isso. Quando eu estava no corre, ouvia aquela fita e era como se o Big estivesse sentado ao meu lado, falando sobre o que tinha acontecido na noite anterior. Eu podia ouvi-lo sem perder a noção de onde estava.

Tem uma parte no álbum em que Big está sendo entrevistado e a garota pergunta como ele começou a fazer rap. Ele estava todo calmo, tipo: "Eu só precisava sair das ruas". Nunca tinha ouvido ninguém falar assim sobre fazer rap. Ele não estava tentando impressionar ninguém nem dizendo que sempre amou fazer rap. Ele estava, tipo: "Era isso ou aquilo. Eu escolhi isso". Não percebi na época, mas foi quando comecei a pensar em ganhar dinheiro com entretenimento. Na verdade, foi a primeira vez em dez anos que pensei em ganhar dinheiro fazendo algo diferente de vender drogas, quando Sincere colocou aqueles cinco Alberts na minha mão e meus pensamentos sobre dar festas no quintal voaram pela janela.

Eu estava ouvindo "Everyday Struggle", no qual Big fala sobre como os carros da Toyota eram baratos. Não enfiei na cabeça que queria um carro porque tinha ouvido em uma música, mas não seria má ideia. Abri a mochila e despejei meu dinheiro, uma avalanche de notas miúdas – de um, cinco, dez, vinte – na mesa de Nick. "Quero comprar a porra do carro."

Nick olhou para a montanha de dinheiro à frente dele. Parecia um prêmio da loteria. Ele gritou para o cara no showroom: "Que merda você está fazendo?! O garoto disse que quer comprar o carro, dê a ele as chaves da porra do carro!" Nick se voltou para mim e se desculpou pela grosseria do vendedor. Ele me disse que o cara era cunhado dele ou algo assim e que só tinha deixado o cara trabalhar lá para agradar a esposa. O gerente também disse que o cunhado era um idiota com todo mundo e eu não deveria levar isso para o lado pessoal. O cara não era nem inteligente nem gentil, de acordo com Nick. "Esse cara, porra, ele não consegue vender um carro nem de graça", Nick comentou. "Mas o que eu posso fazer? É pela minha esposa, entende?"

Na verdade, eu não entendia. Eu era um adolescente. Que porra eu deveria saber sobre ser casado? Achei graça da coisa toda. O cara lá fora pensou que eu não tinha dinheiro e me enxotou. O cara no escritório viu uma pilha de dinheiro na frente dele e estava pronto para me contar os problemas de sua vida. Nick queria saber quanto dinheiro havia ali. Eu respondi que eram 23 mil dólares.

"Esse carro sai por 28 mil", ele disse. "Seis cilindros, quatro litros e meio, motor de 212 cavalos de potência, acabamento em couro, airbags duplos, freios antitrava, vidros, portas e espelhos elétricos. Possui CD player AM/FM com nove alto-falantes, suporte para bicicleta", ele me deu um tempo para absorver sua ladainha de vendedor antes de continuar. "Vamos fazer o seguinte: vou reservar o carro para você. Quando você me trouxer os outros cinco mil, poderá levá-lo. No nome de quem você quer colocá-lo?"

"No meu", respondi.

"Você tem carteira de motorista?"

"Não." Minha licença havia sido suspensa por andar de motocross ilegalmente. Eu costumava andar sem capacete, contra o fluxo do tráfego e no meio-fio, além de sempre ultrapassar o farol vermelho. Eu cometi todas as infrações possíveis.

"Entendi. Você consegue colocar o carro no nome de alguém?"

"Não."

"Bom, vamos fazer o seguinte: vou deixar o veículo com as placas da concessionária. O seguro ficará em nosso nome, mas você pode dirigi-lo.

Qualquer problema, me avise. Quando você me der os cinco mil dólares, eu lhe entregarei o carro."

"Beleza."

Eu tirei o carro da loja cinco dias depois e fui direto para o Departamento de Trânsito. Fiz uma prova escrita e consegui minha carteira provisória no mesmo dia. Isso foi antes de eles terem todos aqueles computadores sofisticados. Consegui obter minha carteira no balcão. Em seguida, fui à loja de bicicletas, comprei duas mountain bikes Gary Fisher e as coloquei no porta-bicicleta. Eu nunca andei com aquelas bicicletas. Deixei lá, mais ou menos pelo mesmo motivo que o Freedom costumava ter jet skis acoplados ao seu 4Runner. A vida estava boa. Ninguém podia me dizer que eu não traficaria drogas pelo resto da vida.

Teve um jogo de basquete no Drew Park não muito tempo depois que peguei meu carro. Não era um jogo de basquete qualquer, mas parte de um torneio que atraía os melhores jogadores de todo o país – jogadores de rua, astros do esporte, jogadores universitários, quem quer que fosse. Os jogos eram um evento no Queens e reuniam uma multidão, embora fossem disputados em um parque diferente a cada ano. Como aquele era um grande acontecimento, achei que seria uma boa jogada de marketing aparecer no jogo com meu carro novo. Fazia pouco tempo que eu o dirigia e imaginei que um jovem de 18 anos ao volante de um SUV de 20 mil dólares causaria um impacto, especialmente em um jogo em que toda a quebrada estaria. O carro estava muito maneiro. Tinha pagado uma lavagem e limpeza com cera até que brilhasse como um diamante negro. Fui à Canal Street e comprei vários CDs novos para tocar no meu "CD Player AM/FM com nove alto-falantes". Mandei darem um trato nas bicicletas – os raios brilhavam como raios de sol, era como se meu carro tivesse quatro auréolas. Comprei um monte de merda para enfeitar

"FOI QUANDO COMECEI A PENSAR GRANDE. REALMENTE GRANDE..."

o interior do carro – tapetes novos, um difusor de aromas muito potente, qualquer porra que me deixasse mais arrogante ainda.

Meu plano para minha "festa de debutante" era chegar elegantemente atrasado, dirigindo a 20 quilômetros para hora para que todos pudessem dar uma boa olhada em mim antes que eu fizesse minha grande entrada. Eu saltaria do carro, cumprimentaria a quebrada com um aperto de mão e um sorriso, ficaria 20 minutos ou o quanto fosse necessário para que todos me notassem, depois iria embora. Esse era o plano quando parei ao lado do parque, desacelerando para chegar aos meus predeterminados 20 quilômetros por hora. Então, meu plano começou a mudar. A primeira mudança veio quando vi Roots ao lado de sua Benz cupê vermelho-cereja. Roots era apenas um ou dois anos mais velho que eu, e seu brilho estava ofuscando o meu. A última vez que o vi, estava dirigindo um sedã Acura, mas o cara fez um upgrade, o que deixou o meu Land Cruiser muito menos chamativo. Apesar disso, não foi o carro de Roots que me fez repensar meu plano – foi o cara ao lado de Roots: um homem com dreadlocks, se sentindo à pampa com o mesmo tipo de terno de linho caro que meu tio Trevor costumava usar. Mas, ao contrário do tio Trevor, não havia nenhuma dúvida em minha mente se esse cara era bom ou mau. Ele estava encostado no cupê do Roots com uma carranca no rosto e as mãos na cintura. Uma bolsa masculina da Gucci estava pendurada em seu pulso. Decidi dar a volta no quarteirão enquanto repensava meu plano.

Talvez eu estivesse exagerando. Afinal, não havia uma lei dizendo que um cara de dreads bem-vestido e carrancudo não pudesse ser um fã de basquete. Mas meus instintos me disseram para refletir sobre aquilo. Meu instinto provou estar certo quando cheguei à esquina e vi o bando de Terrence do outro lado do parque. O bando estava cheio de caras que tinham nomes como Turbulência e Violador – não eram o tipo de caras com quem você quer criar problema. Eles emanavam uma energia terrível. Sequer eram o tipo de caras que você ia querer como amigo. Tipo, se você já não estivesse lidando com eles, era melhor nem começar. Eu não diria que Terrence e seu bando eram meus amigos, mas não tínhamos uma treta. Não havia razão para eles não gostarem de mim. Mesmo assim, eles não gostavam de ver ninguém na frente deles se saindo muito bem se não pudessem ficar com parte dos lucros. Infelizmente para o Roots, ele havia caído em um esquema do Terrence algumas semanas antes daquela tarde.

A coisa toda começou quando Terrence ficou sabendo que um traficante mais jovem havia comprado o novo Acura. Era apenas um Acura, mas era novo em folha, e o Roots tinha apenas 20 anos. Terrence demonstrou reconhecer a façanha do Roots com poucas palavras: "E aí?" Só isso, "E aí?", e um aperto de mãos. Terrence levou o jogo com paciência. Ele não queria que ninguém o apresentasse formalmente ao Roots porque queria ter certeza de que não haveria ninguém para mediar as complicações que o futuro reservava. O cara era do tipo que sabia que só era possível esfolar uma ovelha uma vez, mas era possível tosquiá-la ano após ano. Só o que fez foi empurrar sua conversa para cima do Roots devagar. O "E aí" se transformou em "E aí, meu brother?", que virou "E aí, meu brother? Tô vendo que você tá mandando muito bem. Continua assim, moleque. Mostra pra eles como se faz", que se tornou, "E aí, meu brother? Tô vendo que você tá mandando muito bem. Eu preciso entrar pra sua lista de Natal, cara. Você tá acabando com a moral dos caras", que se tornou...

"E aí, meu brother? Vamos bater um papo?"

Neste ponto, Roots não fazia muita ideia do que Terrence precisava falar com ele. O cara ainda estava cabreiro com o Terrence porque sabia que ele tinha má fama. Porém, como eles estavam trocando gentilezas, na cabeça do Roots estavam numa boa. Ele não tinha problemas com Terrence, ou pelo menos era o que Terrence queria que ele pensasse. Terrence só precisava puxar conversa para se dar bem com o Roots, que já sabia que tipo de cara Terrence era e sabia que precisava ser cordial e aceitar conversar, mesmo que fosse somente para tirá-lo de seu caminho.

Terrence estava, tipo: "Você tá indo muito bem. Gosto de ver os moleques se dando bem. Gosto mesmo. Só queria que você soubesse que, se precisar de alguma coisa, pode contar comigo. O que você precisar, é só me avisar. Fechou?"

E Roots respondeu algo do tipo: "Fechou". Ele estava pensando que era melhor dormir com o inimigo do que fugir dele. Então apenas entrou na onda e continuou levando essas conversinhas por cerca de uma semana. Aí Terrence o chamou para outra conversa particular.

"Você tá todo na estica, meu brother", observou Terrence. "Escuta aqui, eu tenho um esquema na Virgínia. Já armei tudo, mas fiquei sem grana do nada. Você entende, né, meu brother? Não preciso te dizer... sabe como é. Eu tô meio sem grana, então qualquer coisa que você puder fazer por mim, eu agradeceria. Não tô pedindo nada de mais. Agradeço qualquer coisa que puder fazer por mim".

Roots correu até sua casa e voltou com cerca de dois mil dólares para Terrence. O cara não se importava com o dinheiro – dois mil eram uns trocados. Se isso significava que Terrence ficaria longe dele, seriam uns trocados bem gastos. Só que, mais tarde naquela semana, Terrence e Violador encurralaram Roots na parte de trás dos conjuntos porque eles tinham uma treta para resolver. Terrence falou que pensava que Roots fosse diferente, pensava que Roots fosse alguém em quem ele podia confiar, mas, agora que Roots havia lhe emprestado uma grana, era como se não o conhecesse mais. Terrence alegou que não havia feito nada além de mostrar consideração a Roots, mas o cara retribuiu com desrespeito.

Roots estava totalmente perdido. Ele não fazia ideia do que estava acontecendo.

"Eu te expliquei sobre minha situação", explicou Terrence. "Eu te considerei, e agora você está fugindo de mim?"

Roots ainda estava perdido: "Quê?"

"Por que você não olhou pra mim quando eu te dei um salve uns dias atrás? Eu estava na caminhonete na Jamaica Avenue e te dei um salve, mas você só me encarou e continuou andando. Você me desrespeitou na frente de todo mundo."

Roots não tinha uma resposta. E a razão pela qual ele não tinha uma resposta era porque não houve nenhum salve, nenhuma caminhonete na Jamaica Avenue, nenhum desrespeito. A única coisa que houve foi uma tocaia, que estava ficando cada vez maior. Terrence estava, tipo: "Você acha que é melhor do que eu porque tá se dando bem? Eu tô ganhando uma grana. Você sabe que eu me viro. Não tô legal com toda essa falsidade".

Roots disse que não tinha visto Terrence na avenida, mas Terrence o pressionou forte contra a parede. Ele contou ao Roots sobre as roupas que ele estava usando e disse que o viu saindo da loja de tênis e tudo mais. Disse que, se Roots não acreditasse nele, poderia perguntar ao Violador, porque o cara estava lá quando a merda toda aconteceu. Agora, é claro que não fazia nenhum sentido lógico ter um nego que não valia nada atestando a porra da palavra de outro nego que não valia nada, mas o que Roots poderia dizer? "Não, eu não acredito em você, você está mentindo"? Terrence já havia sacado que Roots tinha o coração mole. Qualquer pessoa que entrega dois mil dólares, por pura bondade no coração, a alguém que mal conhece não vai confrontar uma mentira. Roots fez a única coisa que podia: se desculpou por um ato de desrespeito que nunca cometeu. Então, Terrence partiu para a matança.

"Como eu disse da última vez, não quero te pedir nada", ele começou. "Mas acabei de perder 50 mil dólares. Eu te contei sobre a minha situação lá na Virgínia. Não quero te pedir nada, só preciso de ajuda pra me reerguer. Eu só tô tentando arrumar um trocado pra conseguir fazer tudo girar de novo. Eu tenho tudo no esquema. Só preciso de um pouco de caixa pra começar. Me arruma dez mil dólares."

Roots estava tentando descobrir em que momento eles haviam se tornado tão amigos a ponto de ele simplesmente dar dez mil dólares a Terrence. O cara não poderia negar, pois Terrence sabia que ele tinha a grana.

"Eu sei que você não tem essa quantia com você agora", Terrence disse. "Então, pego quando você tiver... no fim de semana ou qualquer outro dia. Eu sei que você é um cara de palavra."

Eu fiquei sabendo de toda essa situação porque Roots apareceu e me contou quando percebeu onde havia se enfiado. Ele falou com algumas pessoas sobre isso, mas acho que ninguém quis se envolver. Eu sei que eu, pelo menos, não quis.

Quando dei minha segunda volta ao redor do perímetro do Drew Park, vi o dread carrancudo e percebi que Roots tinha arrumado proteção. Eu vi o bando de Terrence do outro lado do parque e vi que eles estavam armando para cima do carrancudo. Aquilo só poderia terminar em confusão, e decidi que estaria melhor em casa. Havia muitas pessoas erradas no mesmo lugar. Eu faria minha grande aparição em outro dia.

Ter ido embora foi uma coisa boa, porque naquela noite soube que o parque havia sido coberto de tiros. Quando o primeiro tiro foi disparado, o carrancudo foi apagado. O bando de Terrence sabia o porquê de aquele sujeito estar lá, então atiraram nele logo de cara. Um tiro certeiro na cabeça o derrubou. Eles não estavam jogando nenhum jogo. Depois disso, todos no parque que tinham uma arma a sacaram. Antes que o carrancudo atingisse o chão, tretas aleatórias brotaram de todos os cantos. Afinal, na hora, ninguém sabia de que direção os tiros estavam vindo. Alguém via uma pessoa atirando em sua direção e atirava de volta.

O parque tinha apenas uma saída, por *baixo* do portão. Era muito alto para escalar, principalmente com todas aquelas balas cruzando o ar. Treze pessoas foram atingidas por fogo cruzado; duas foram mortas. Essa história não me deixou muito mal, porque o único que foi atingido do meu lado do bairro foi Ronnie – e ele nem estava envolvido na merda. Ronnie era apenas um garoto que gostava de basquete e acabou levando um tiro na perna. No momento, ele joga em uma das maiores divisões de basquete universitário, o NCAA.

Depois do carro, meus próximos investimentos grandes foram no meu negócio. Eu tinha alguns contatos sólidos que me permitiram comprar muitos quilos, quilos puros. Foi só quando comecei a lidar com tijolos que finalmente entendi a aula de economia que Red havia me dado antes de ser morto: "Você não ganha dinheiro com noias. Você ganha dinheiro girando o produto. Quanto mais produto você movimenta, mais dinheiro passa por suas mãos. Quanto mais dinheiro passa por suas mãos, mais dinheiro você ganha. O objetivo é fazer o máximo de dinheiro possível passar pelas suas mãos".

Foi quando comecei a pensar grande. Realmente grande.

Eu queria dominar toda a boca. Havia um monte de bandos menores e algumas parcerias idiotas operando aqui e ali, mas não havia uma organização real. Eu estava planejando isso desde meu retorno de Monterey e não conseguia acreditar que ninguém mais tinha visto como seria fácil. Talvez o fato de eu ter estado longe das coisas tenha me permitido vê-las com um novo olhar. Todos os outros estavam ocupados demais com suas rotinas no tráfico para dar um passo para trás e enxergar uma oportunidade. Eu não. Quando voltei para casa, vi tudo de forma muito clara. Todo mundo que queria drogas ia para a boca. Eles não iam até o traficante, eles iam para um lugar específico. Qualquer pessoa que estivesse naquele lugar conseguiria fazer a venda enquanto o produto estivesse disponível. Eu tinha o produto, tudo o que precisava fazer era dominar o lugar. E, para isso, precisei seguir à risca o plano de jogo de Red.

Comprei milhares de pinos roxos. Eu não poderia fazer uma grande manobra para dominar a boca a menos que conseguisse pôr na rua os melhores pinos disponíveis. A maioria dos moleques da área realizava operações individuais, então falei com eles e disse que seria mais sensato trabalharmos juntos. Havia segurança nos números, e todos nós poderíamos lucrar se trabalhássemos em cooperação. Eu estava recebendo trabalho diretamente do Padrinho e disse a eles que, com um fornecedor único e o mesmo produto, poderíamos reduzir a concorrência e aumentar as vendas. Para aqueles que não se enquadravam no meu esquema, eu dizia que estava oferecendo o plano de Pablo Escobar: prata ou chumbo. Você pode levar dinheiro ou tiros.

Um dos moleques, Damon, não enxergou a sabedoria da minha abordagem. Uma noite na boca, Damon se aproximou de mim com uma arma. "Você está tentando tirar comida da minha filha", disse ele.

"Ninguém aqui disse que sua filha não pode comer", respondi. Não estava com medo porque cresci com ele. Damon era um traficante, não um assassino. Ele não teria coragem de atirar em mim em público.

Minha reputação havia crescido a tal ponto que consegui convencer um número suficiente de traficantes da área a seguir meu plano. Damon sabia que os moleques que estavam comigo viam as manobras que eu estava fazendo como uma maneira de aumentar suas vendas. Como eu estava comprando cocaína em grande volume, oferecia a eles uma margem de lucro maior do que ganhariam por conta própria. Damon sabia que ir contra mim significava ir contra metade da quebrada, e ele não era esse tipo de cara. Ele estava basicamente se fazendo de difícil para poder dizer que não era um maria-vai-com-as-outras. Não dava para ficar com raiva de Damon; o cara era exatamente como eu. Mas eu estava assumindo o controle e pronto.

"Não estou dizendo que você precisa pegar os pacotes de mim", falei. "Vou te dar o produto puro em consignação. Mas, se você quiser vender aqui, vai vender o que eu fornecer. E é isso." Simples assim, ele passou a seguir o combinado.

Em seguida coloquei em prática a segunda fase da minha operação: liguei para Rahmel, o playboy que conheci durante a orientação para o Programa de Choque. Essa parte foi simples. Dei a Rá todas as informações relevantes sobre os traficantes do bairro – quem carregava o crack, quem contava o dinheiro, quem tinha as armas, quem atacar primeiro se alguém saísse da linha. A equipe de Rá pegava o dinheiro e o produto de qualquer um que não estivesse vendendo pinos roxos. Tínhamos um acordo de participação nos lucros: Rá podia ficar com o dinheiro, e eu ficava com as drogas.

Com o bando de Rá por perto, ninguém além de nós conseguia vender na boca. Os caras que começaram a portar armas tinham que tomar ainda mais cuidado com os policiais do que já faziam. Isso forçou os moleques que trabalhavam com bipes a se tornarem os James Bond do corre. Apenas os noias mais leais se davam ao trabalho de ligar para pedir drogas. Comprar drogas era um mercado de gratificação instantânea, e todas as etapas novas iam contra os hábitos dos noias – especialmente depois que peguei as drogas que Rá roubou e deixei que meus funcionários as distribuíssem de graça dentro dos pinos roxos.

Donna era minha namorada desde a manhã em que fui preso com o dinheiro das drogas e a parafernália do meu quarto, principalmente porque ela manteve contato comigo. Durante meus seis meses no Programa de Choque, ela me enviou uma carta por dia. Tipo, todos os dias a mina me escrevia. Eu realmente não conseguia pensar em nada além dessa mina, porque, quando eu recebia uma carta, me sentava e respondia. Essas cartas eram o ponto alto do meu dia. Quando as circunstâncias ficaram difíceis a ponto de fazer o Merdinha optar pela pena na prisão, usei as cartas para me controlar. Eu não diria que estava apaixonado pela garota, mas cheguei em casa sentindo algo forte o suficiente para deixá-la dirigir o meu carro.

Só quando saí da prisão é que percebi que o fato de Donna me escrever não me tornava especial, pois ela já tinha tido um amigo por correspondência antes de mim. Ela não estava escrevendo porque gostava de mim. Sim, ela estava me escrevendo, mas já tinha o hábito de escrever cartas. Para Donna, escrever cartas era apenas uma forma de passar o tempo. Não era grande coisa, nada de especial. Mas não foi por isso que terminamos. O motivo pelo qual terminamos envolveu um duplo homicídio, uma perseguição policial e o fato de eu estar vestido de mulher.

Eu estava fugindo da polícia. Por que não estaria? Ainda estava em liberdade condicional, e uma prisão pelo motivo mais tolo, como cuspir na calçada, poderia significar que eu teria que cumprir uma pena de nove anos. Eu dirigia minha GSX-R750. Mesmo que não estivesse em liberdade condicional, estava correndo para cacete.

Tudo começou de forma bastante inocente. Simplesmente parei em uma placa de "Pare" perto do Guy R. Brewer Boulevard. Eu só estava usando um capacete porque existe uma lei contra andar de moto sem capacete na cidade de Nova York. Mas, como eu queria que todos me vissem, era só um meio capacete.

Do nada, uma viatura passou por mim, indo na direção oposta. Então a polícia ligou as sirenes e luzes, e fez uma curva muito fechada para parar do meu lado.

"Encost..."

Eu já tinha sumido antes que as palavras saíssem do alto-falante. Nem fodendo eu ficaria por perto para ver o que eles queriam. Ainda mais considerando que eu estava no meu "demônio da velocidade". Embora já tivesse passado muito tempo desde que fugi da polícia pela última vez, ser perseguido não era novidade. Eu costumava passar muito por isso quando era mais jovem e andava de motocross. As motocross não eram muito rápidas, então o truque era enganar os policiais com manobras ousadas. A Suzuki não era tão ágil quanto uma moto menor, mas o que não tinha de agilidade compensava com potência. Usei essa potência para sair de lá – e rápido. Eu precisava sair da visão da viatura, então fiz as duas primeiras curvas à direita – direto para o conjunto Baisley. Voei a 160 quilômetros por hora por alguns quarteirões antes de desacelerar. Eu estava seguro.

Foi uma fuga rápida. Fiquei maravilhado com minha habilidade de fugir tão rapidamente. Eu estava rindo e voltando para a boca, quando um carro da polícia sem identificação se aproximou à minha direita a toda velocidade. "Ai, merda." Pus o pé no chão para dar um impulso, girei a moto para a esquerda e saí acelerando. "Vai ser divertido." Eu estava cheio de adrenalina e pretendia fazer esses policiais honrarem seu salário antes de sair da estrada e contar a história por aí. Mas qualquer pensamento sobre contar a história ficou em segundo plano quando ouvi as sirenes de outra viatura da polícia se juntarem ao carro não identificado atrás de mim. "Agora sim é uma perseguição." Então, um segundo carro não identificado veio rugindo pela minha esquerda, em uma perfeita rota de colisão. Consegui desviar da frente dele por um fio. Eu podia sentir o calor do motor na minha pele enquanto corria pela calçada. "Que merda é essa?!?"

"Desliga a porra da moto!" O detetive no banco do passageiro do terceiro carro estava gritando. O rosto dele estava vermelho e perto o suficiente para eu ouvi-lo mesmo com o barulho dos motores, sirenes e pneus cantando. "Desliga a porra da moto!", ele gritou de novo. "Desliga agora! Agora!"

"Ah, sim", pensei. "Vou desligar essa merda assim que sair daqui."

Eu estava voando pela calçada, mas não dava para ir muito rápido. Tive que lembrar que não estava em uma motocross. Os truques que usava quando era mais jovem não eram uma opção, e eu tinha que chegar a uma estrada aberta. Pulei de volta para a rua, e prossegui à frente dos policiais. Um quarteirão acima, outro carro não identificado estava vindo na minha direção. Se eu tivesse continuado em frente, o carro que se aproximava poderia ter me bloqueado ou, pior, batido em mim. Não tive escolha a não ser parar. O policial à paisana de rosto vermelho que estava bem atrás de mim parou à minha esquerda. Quando ele estendeu a mão pela janela para agarrar o guidão da moto, eu pisei no acelerador. A moto deu um solavanco, cambaleou, ganhou velocidade, subiu por uma fresta irregular na calçada, voou alguns metros pelo ar e pousou. Consegui pegar o desvio da esquerda antes que o carro da polícia me impedisse. Se eu tivesse sido um segundo mais lento, ele teria batido no meu pneu traseiro e eu teria girado na pista. Acelerei a moto a toda velocidade e voltei para o local onde a perseguição começou, correndo a quase 200 quilômetros por hora. Havia muito trânsito, o que não me ajudava em nada, então virei rapidamente à esquerda no Guy R. Brewer Boulevard. Eu quase fui atingido duas vezes antes de entrar no fluxo do tráfego. Eu olharia para trás para ver quantos carros de polícia estavam atrás de mim, mas imaginei que devia haver pelo menos cinco. Sem problemas. Nesse ponto, seria uma corrida simples. Os caras não me pegariam de jeito nenhum. Eu cortei e costurei todos os carros à minha frente. Havia muito trânsito, a polícia não conseguiria me alcançar.

A corrida ficou divertida novamente. Quando cheguei na boca, dei um grau na moto só para me exibir. "Hahaha!"

Eu havia me distanciado bastante deles agora. Os carros da polícia estavam a um pouco mais de um quarteirão para trás. Era hora de sair das avenidas e adentrar no bairro, onde eu poderia sumir. Pulei a divisória e dirigi na contramão. Depois de meio quarteirão, virei à esquerda, fiz a volta com a moto e esperei. Minha adrenalina estava por todo o corpo. Os policiais não conseguiram chegar à esquina rápido o suficiente para me alcançar.

Quando finalmente dobraram a esquina, pisei no acelerador e passei por eles na direção oposta. Os caras estavam correndo tanto que quase se chocaram quando tentaram parar e fazer a volta. "Hahaha! Até mais, otários. Fui!"

Descendo a rua, ouvi outra motocicleta vindo atrás de mim. Parecia que estava dentro da minha cabeça. "Droga, deve ser uma moto muito grande." Então, o chão vibrou e eu senti o som zumbindo em meu peito. "Nenhuma moto poderia fazer isso." Era a porra de um helicóptero! "Que merda é essa agora?!?"

Cheguei ao Rockaway Boulevard e andei na passagem subterrânea por alguns quarteirões, para sair da linha de visão do helicóptero. Quando não consegui mais ouvi-lo dentro do meu peito, virei à esquerda no North Conduit. Andei na contramão novamente – se mais viaturas fossem se materializar, eu queria vê-las chegando. Precisava sair da estrada rápido, então entrei na Rua 161 e parei no quintal de Brian.

Estacionei a moto e corri. Não era hora de descobrir o que estava acontecendo. Depois de me esconder, podia parar para pensar. No momento, a única coisa que passou pela minha mente foi correr. Corri de volta para a casa da minha avó e entrei sorrateiramente pela janela, como fazia quando era criança. Ninguém na casa me viu, então me escondi no sótão.

Posso ter ficado lá por apenas alguns minutos, mas pensei ter ouvido uma viatura da polícia parar na frente da casa da minha avó. Era uma viatura da polícia, sem dúvida – eu soube antes mesmo de ouvir os nós dos dedos do policial batendo na porta da frente, pelo modo como o carro parou e as portas bateram.

Do sótão, pude ouvir os policiais – um branco e um negro – falando com a minha avó. O policial branco estava explicando que Curtis Jackson era suspeito de um duplo homicídio: duas moças tinham sido assassinadas na noite anterior e o suspeito fugiu em uma Suzuki GSX-R750 branca e azul. "Espere um minuto, eu sou o Curtis Jackson. Que porra é essa?"

Ouvi minha avó suspirar e cair no sofá. Então, meu avô entrou, querendo saber o que diabos dois policiais estavam fazendo em sua casa.

O policial branco recontou a história: duas jovens assassinadas, uma Suzuki GSX-R750 branca e azul. O suspeito Jackson acabara de fugir de cinco unidades móveis em uma perseguição em alta velocidade pela vizinhança. Eles sabiam que se tratava de Jackson, porque seu meio capacete mostrava seu rosto. Um dos policiais que o perseguiu havia chegado perto o suficiente para tocar na moto, mas o suspeito escapou. Eles agradeceriam qualquer ajuda que os Jackson pudessem fornecer aos investigadores.

"Vocês podem se ajudar saindo da porra da minha porta", ralhou meu avô.

"Senhor, eu entendo que esteja irritado", começou o policial branco. "Mas essa é uma investigação criminal de homicídio. Se o senhor estiver abrigando seu neto, poderá ser acusado de obstrução judicial."

"Claro que estou irritado, porque você está na minha casa, porra!", meu avô exclamou. "E se você não se ajudar e sair daqui, vai ter uma obstrução bem no meio do seu…"

"É isso aí, vovô! Põe os malucos no lugar deles!" Foi um momento louco. Eu estava orgulhoso pelo apoio do meu avô. Ao longo dos anos, ele sempre ficou na dele e meio distante de mim, mas naquele momento eu soube que meu velho me amava. Ao mesmo tempo, minha avó, a pessoa mais próxima de mim no mundo, estava enlouquecendo. E havia ainda os policiais, dizendo que eu estava sendo procurado por assassinato.

"Senhor, seu neto é suspeito em um crime de homicídio", repetiu o oficial branco.

"Bem…", disse o meu avô, "se você ficar na minha casa mais um maldito minuto, ele não será o único."

"Eu posso cuidar disso", disse o policial preto ao policial branco. "Pode deixar que eu cuido dele."

"O quê?", meu avô ficou puto de verdade naquele momento. "Deixar *você* cuidar de *mim*? Na *minha* casa? Não, eu vou cuidar de você! Fora daqui!"

"Senhor…"

"Fora!!! Ninguém vem à minha casa e fala que vai cuidar de mim. Eu vou cuidar de *você*. Merda, posso cuidar de oito de vocês." Meu avô falou um monte até que saíram de casa.

Na varanda, o policial branco perguntou ao meu avô sobre a moto do suspeito Jackson. Meu avô perguntou se era ilegal um negro ter uma motocicleta. Eles viram a minha Hurricane e perguntaram sobre ela, tipo: "Essas motos são muito caras".

Meu avô ficou, tipo: "Se ele pode ter uma moto, então pode ter duas. Porra, vou comprar uma dúzia de motos para ele!", gritou. "Vocês estão na minha casa falando como se ele já tivesse sido declarado culpado só por ter uma moto. Vocês não valem nada."

"Senhor, se o seu neto não é culpado, então por que ele fugiu?"

"Porra, mas até eu fugiria de vocês! Vocês matam todo mundo em quem colocam as mãos."

Eu fiquei, tipo: "É isso aí!" Até vibraria alto se não fosse pelo fato de que isso me levaria à prisão. Quando os policiais foram embora, tive certeza de duas coisas. Uma era que eu não tinha matado duas garotas na noite anterior. A outra era que o modelo atual Suzuki GSX-R750 vinha em dois esquemas de cores: branco com azul e branco com laranja, então a única coisa certa sobre o suspeito de assassinato era que ele tinha bom gosto para motos.

Entrei escondido no quarto da minha avó e peguei uma peruca, um vestido de verão e algumas moedas. Coloquei o disfarce e caminhei até o Rockaway Boulevard, onde peguei um táxi para o shopping de Long Island. Eu estava no banco de trás do táxi, tirando o vestido, quando vi meu Land Cruiser preto passar na outra pista, na direção contrária. Donna estava dirigindo, e um cara que eu nunca havia visto antes estava no banco do passageiro. Se não fosse pelos policiais na minha cola, eu teria feito o táxi virar e perseguir o carro. Mas eu estava fugindo.

A primeira coisa que fiz no shopping foi ligar para a minha agente da condicional: "Lembra que eu disse que ia comprar uma moto?", perguntei. "Bem, eu comprei. Eu comprei, lavei e dei uma volta pelo quarteirão. Enquanto estava parado na esquina, vi a polícia piscar as luzes da sirene do outro lado da pista. Então, entrei e coloquei a moto na garagem. Mais tarde, a polícia passou pela minha casa e disse que estava me procurando por suspeita de homicídio. Disseram que o cara tinha uma moto parecida com a minha."

"Onde você está agora?", perguntou Patrice.

"Fora de casa."

"Fora de casa? Isso não ajuda em nada. Você não vai me enfiar nas suas merdas, Curtis. Não estou aqui para limpar sua sujeira." Eu não respondi, e então ela perguntou: "Tem mais alguma coisa que eu precise saber?"

"Não. É isso. Eu não matei ninguém."

"Entendi. Vou ver o que está acontecendo. Você tem um número para eu te ligar de volta?"

"Não se preocupe. Eu te ligo…"

Desliguei e liguei para Donna. Com o horário de trabalho da mãe de Donna e as aulas da faculdade da irmã, o único carro que a família tinha não era suficiente para todos. Então, às segundas e quartas-feiras, eu a deixava dirigir meu carro para ir à escola. Minha única condição era que ela não deixasse ninguém entrar no carro. Eu disse àquela vagabunda: "Não deixe ninguém entrar no meu carro".

"Você deixou alguém entrar no meu carro hoje?"

"Ah, sim. Eu, hum, dei uma carona para Sharise pegar o filho dela na creche."

Eu conhecia Sharise desde que ela não tinha idade o suficiente para atravessar a rua. Na verdade, foi Sharise quem me apresentou à Donna. Não me lembrava de ter visto Sharise no carro, mas não consegui ver o interior totalmente. Então, investiguei mais: "E tinha mais alguém com vocês?"

"Nã… Ah, sim. Dei uma carona até o ponto de ônibus para o meu amigo Victor."

"Victor? Quem diabos é Victor?"

"É um amigo meu da aula de psicologia. Eu te falei sobre ele."

"Não falou, não, sua vagabunda."

"Quê?"

"Sua vagabunda, eu te disse para não deixar ninguém entrar na porra do meu carro."

"Eu só estava dando uma carona para ele até o ponto de ônibus."

"Então você deixou o seu 'amigo' da aula de psicologia que só ia até o ponto de ônibus sentar no banco da frente e a garota com quem você cresceu estava no banco de trás?" Ela não disse nada, então, eu continuei: "Pega todas as merdas que eu comprei para você: todas as joias, as roupas, os sapatos…"

"Não. Eu a deixei sentar no banco de trás porque… porque ela queria ficar com o Mario. Você sabe que ele só tem três anos, ela não queria deixá-lo sozinho…"

Eu a ignorei: "Na verdade, você pode ficar com os sapatos e as roupas. Só me entregue minhas roupas que deixei aí. E aqueles brincos e aquela corrente que comprei para você, as bolsas, toda aquela merda; coloque no carro que eu busco depois".

Donna começou a chorar. "Por que está fazendo isso comigo?"

"Sua vagabunda, eu disse para você não deixar ninguém entrar no meu carro."

"Desculpa", pediu ela. "Não vou fazer de novo, juro."

"Eu sei que você não vai, vadia. Estou indo buscar minhas coisas."

"Como você pode ser tão ruim?"

Eu desliguei o telefone. Aquilo foi a gota d'água para mim em relação às minas. Ou eu tinha muito azar ou elas simplesmente não eram pessoas boas. Estava cansado de levá-las a sério. Além disso, eu tinha problemas maiores para lidar. Liguei para a minha oficial da condicional novamente.

"Falei com o detetive encarregado da investigação", informou ela. "Eles cometeram algum equívoco. Eles sabem por quem estão procurando agora. Mas querem saber por que você fugiu. Não vou perguntar se você estava em posse de algo que não deveria estar, mas é o que eles estão pensando."

"Tudo o que sei é que posso parar na cadeia se fizer contato com a polícia", expliquei. "Eles vieram até mim, mas eu não sabia o que diabos eles queriam. Por isso fugi."

"Entendo", ela disse. "Eu lido com coisas assim o dia todo. Mas me diga uma coisa: faz quanto tempo que você tem essa moto?"

"Tipo, duas semanas", menti. "Por quê?"

"Bem, eles alegam que você estava correndo a quase 200 quilômetros por hora, furando sinais vermelhos, fazendo todo tipo de curva, empinando e disparando na contramão."

"Eu?"

"Não quero saber", ela respondeu. "Mas espero que você chegue de ônibus no nosso próximo encontro. Eles confiscaram sua outra moto e não acho que ficarão muito felizes em vê-lo andando de Suzuki tão cedo."

"Minha outra moto?"

"Sim. Sabe, a Kawasaki da qual você nunca me falou?"

"Ah, aquela."

"A-ham. Aquela mesmo. É por isso que sabem que não foi você. Recolheram suas impressões digitais nela. A moto está retida na delegacia, você pode ir retirá-la. Quer o endereço? Eles adorariam te ver."

"Não, deixa quieto. Vou dar outro jeito de chegar aí."

"Foi o que pensei."

Fui de táxi até a casa de Donna e peguei meu carro. Quando cheguei em casa, minha avó me disse que a polícia estava procurando por mim. Eu disse a ela que era um caso de identidades trocadas, mas ela não acreditou até que a coloquei em contato com minha agente da condicional. Embora eu estivesse sumido desde que saí do Programa de Choque, ela não sabia nada sobre eu ter voltado a traficar. Minha avó sabia que minha condicional intensiva me mantinha fora de casa na maior parte do tempo, e nunca estacionei meu SUV no quarteirão para que ela não soubesse da existência dele.

Em algum ponto da perseguição, de alguma forma, tinha esfolado a pele do antebraço direito. Estava pingando sangue, mas com toda a adrenalina nem percebi a ferida até que minha avó a mostrou para mim.

Eu disse que havia caído da moto, o que era quase verdade. Ela me levou ao banheiro, limpou a ferida e colocou um curativo.

"Eu rezo para você não voltar a ter problemas", ela disse. "Você só tem algumas chances para pagar por todo o mau que causa."

Menti e disse que estava me mantendo limpo, mas sabia que ela estava certa. Mais cedo ou mais tarde, eu pagaria. E eu não queria continuar mentindo para ela. Essa parte pesou na minha consciência mais do que vender drogas.

Mesmo com o controle quase total da boca, comecei a andar a pé com mais frequência. Um dia, eu estava descendo a rua não muito longe da minha casa, quando vi um Land Cruiser preto estacionado em uma das ruas laterais; era quase idêntico ao meu, mas com um insulfilme muito mais escuro nos vidros. Nada mais me chamou a atenção no carro além do fato de ser irmão gêmeo do meu, então continuei meu caminho.

"Psiu! Psiu!" Uma voz me chamou do nada. Então, ouvi o sussurro de uma voz que não ouvia há anos: "Ei, Boo-Boo, brother. Chega aí!"

Quando a janela do carro estacionado deslizou para baixo, vi Sincere descansando atrás do volante. "Você viu aquela mina advogada, brother?", ele perguntou antes que eu estivesse totalmente dentro do carro. Seus olhos miraram para cima e para baixo no quarteirão.

"Mina advogada? Que mina advogada?"

Ele olhou por cima do ombro, verificou o espelho retrovisor e apontou para um pequeno estabelecimento na esquina que era um cartório, imobiliária, escritório de contabilidade e serviço de cópia e fax, tudo em um só lugar.

"Não, eu não vi ninguém hoje", respondi, embora não tivesse certeza sobre quem ele estava falando. Eu poderia simplesmente ter cruzado com a mulher na rua e não saber quem ela era. Fiquei surpreso ao ver Sincere. Ele havia sido preso por uma infração menor que o levou à Rikers Island por 18 meses. Quando o cara voltou para casa depois de sua sentença, eu estava no Programa de Choque. E, quando eu voltei para casa, Sincere havia desaparecido. Porém, corria o boato de que ele acabara de voltar à cidade com quase um milhão de dólares em dinheiro no bolso. A grana fez dele um alvo. Tanto que Turbulento, Violador e alguns outros tipos desagradáveis pretendiam capturá-lo para roubar tudo. Derrick até me abordou com uma oferta para orquestrar um roubo com Rahmel por dez por cento do lucro. Recusei a oferta, não por lealdade a Sincere, mas porque o plano de Derrick consistia em sequestrar a irmã e o avô do cara para pedir o resgate. Me fiz de tonto por um segundo, a fim de conseguir algumas informações. "O que está pegando?", perguntei.

Sincere explicou que as coisas estavam indo pelo ralo rapidamente. Contou que tudo começou quando ele levou Coltrane para o Alabama com ele – para Mobile, para ser mais exato. Mobile era o lugar perfeito, porque duas rodovias cortavam a cidade. "Você tem a I-65 que leva para o norte e o sul e a I-10 que leva para o leste e o oeste", explicou Sincere. "Então, tem muito tráfico de drogas rolando: vindo do Texas, Louisiana, Mississippi a oeste; da Geórgia a leste; de Nashville e Kentucky ao norte; e, o melhor de tudo, cara, ao sul tem a Flórida, cara, cubanos, dominicanos, haitianos. É como se fosse a central da cocaína!"

Sincere tinha chamado Coltrane porque precisava de alguns bons homens para conduzir sua operação. O problema era Grits e Butter – "a porra daqueles pretos malucos" –, que estavam lá também. Na mesma cidade, Mobile, Alabama. Agora, Mobile não é tão grande – era apenas questão de tempo até que eles cruzassem com o Coltrane. A coisa mais absurda é que Grits nem lembrou que Coltrane era aquele cara em quem ele havia atirado em um ponto de ônibus no Guy R. Brewer Boulevard alguns anos antes. Mas Coltrane ficou com medo, e ficava muito inquieto toda vez que via aqueles malucos. Ele começava a suar, gaguejar e fazer merda. Depois de algumas semanas, Grits e Butter foram presos pela polícia por terem atirado em um segurança em Nova York.

Estava claro para todos que Coltrane havia delatado Grits e Butter. Menos de um mês depois que aqueles pretos malucos foram presos, a polícia começou a fechar todos os pontos de drogas em Mobile. Não apenas a polícia, mas os federais – o FBI. Sincere colocou seu dinheiro em uma bolsa e voltou para Nova York com Coltrane, mas os federais estavam montando um esquema grande. Agora eles estavam atrás de Sincere e Coltrane. Shawn estava no Alabama e foi pego. Brian tinha passado pelo Alabama uma ou duas vezes, então provavelmente estava sendo investigado. Muitos outros traficantes do Queens estavam sendo investigados. Quanto mais traficantes caíam, mais a investigação federal crescia.

"Mano, esses pretos estão dando com a língua nos dentes", reclamou Sincere. "Eu nem sei por que eles estão sendo tão filhos da puta. Cara, eu não vou falar com ninguém. Eles é que vão ter que vir aqui falar comigo."

Sincere contou que tinha um plano. Ele tinha 700 mil dólares em dinheiro no compartimento de armazenamento do carro. "Vou comprar umas casas, cara", comentou ele. Seu plano era comprar seis casas e fazer com que terceiros assinassem a escritura. Ele sabia que acabaria sendo pego pelos federais, mas, antes disso, investiria seu dinheiro em imóveis e guardaria algum para pagar por um recurso na justiça. Quando voltasse para casa em alguns anos, ele teria casas para vender. "Eu não vou fazer nenhuma merda como Brian fez e comprar um restaurante, brother", ele riu. "Eu faço mais o estilo imóveis e essas merdas. O mercado imobiliário é o caminho. Sem manutenção, sem despesas gerais. Vou comprar casas e viver delas até que valham muito dinheiro. Você sabia que grande parte da riqueza gerada neste país vem de investimentos imobiliários? Estou mirando no Donald Trump, não no Chef Boyardee."

Mas ele precisava ter cuidado. Coltrane tinha contado às pessoas erradas sobre a grana de Sincere. Ele soube que as pessoas estavam tentando matá-lo por seu "pé-de-meia", então ele o levava consigo para onde quer que fosse. Tentei descobrir onde ele estava hospedado, mas tudo o que Sincere disse foi que estaria bem perto de seu dinheiro.

Cada vez mais, comecei a perceber que o jogo das drogas não era estável. Eu sabia que teria que fazer algo com o dinheiro assim que acumulasse o suficiente para abandonar o jogo. A última coisa que eu queria era fugir com uma mochila cheia de dinheiro.

Decidi que era hora de comprar o Mercedes-Benz que sempre quis. Eu não apenas estava ganhando um pouco de dinheiro com meu controle da boca, como também havia um homem procurado pelo FBI – e por todos os assaltantes com uma arma – andando por aí no mesmo modelo de carro que o meu. Depois da perseguição de moto, eu não estava a fim de ter outro problema de identidades trocadas.

Donnie, um jovem traficante do sul da Jamaica, me contou sobre uma concessionária em Baltimore que aceitava dinheiro vivo e não fazia perguntas. Donnie também me disse que o negócio estava mais acelerado e que o preço da coca pura estava muito mais alto em Baltimore do que em Nova York, então havia uma margem de lucro maior. Decidi que levar um oitavo do produto me geraria mais dinheiro do que precisaria para pagar pela gasolina.

No meu primeiro dia na cidade, fui à concessionária e negociei a troca do meu Land Cruiser por uma Mercedes sedã S430. O negociante me disse que levaria alguns dias para processar a papelada e realizar a troca. Depois fui ver o Donnie para passar o tempo.

Ele estava trabalhando em um local a cerca de meia hora de Washington. Algo me pareceu estranho naquela operação. Todo o negócio era executado em um único apartamento – produção, embalagem, distribuição e revenda. Não parecia seguro – o lugar era tipo uma armadilha. Donnie explicou que a polícia não aparecia muito e geralmente fazia muito barulho quando isso acontecia. Havia um homem em um apartamento no andar de cima que ficava de olho na rua e os alertava a tempo de fugirem pela janela dos fundos. Eles perdiam o produto, mas sempre escapavam da prisão.

"E se os policiais vierem pelos fundos?", perguntei.

"Se vierem pelos fundos, fodeu", Donnie disse. "Mas o cara também vigia a janela dos fundos."

Era uma operação arriscada, para dizer o mínimo, mas o volume era exatamente como Donnie havia dito. Consegui girar metade do oitavo antes que meu carro estivesse pronto. Em mais quatro dias, vendi os outros 60 gramas. O oitavo me custou 2.300 dólares em Nova York; cozido e separado em pedras em Baltimore, foi vendido por cerca de oito mil. Depois de pagar pelo uso do espaço, embolsei mais de quatro mil dólares.

Quatro mil por uma semana de trabalho era um bom negócio, mas ficar no mesmo lugar até ser preso não me parecia um modelo viável. Encontrei uma solução. Dei a Donnie um quarto de quilo de cocaína em consignação. Ele pagaria o aluguel e lidaria com a fabricação e revenda. Em duas semanas, eu voltaria para receber o pagamento de 12 mil dólares e daria a ele um oitavo de produto bruto de graça.

"É como se, para cada dois oitavos que você fizer girar para mim, você recebesse um de graça."

Mas acabou sendo um acordo de curta duração. Depois de garantir seu primeiro oitavo de bônus, Donnie foi preso quando os agentes secretos da Narcóticos invadiram o apartamento pela janela dos fundos. Estava bom demais para ser verdade, e era. Cada vez mais parecia que o jogo estava fechando o cerco à minha volta, mas não o suficiente para que eu parasse. Eu conhecia as probabilidades e ainda achava que poderia vencê-las.

CAPÍTULO 17

"ELA SERIA A MÃE DO MEU PRIMEIRO FILHO…"

Eu tinha reparado nela alguns meses antes, quando ainda estava envolvido com Donna. Mas não foi isso que me impediu de ir atrás dela. Ela disse que estava em um relacionamento. Mas isso também não me impediu. O que me parou foi a maneira como ela falou, de forma muito determinada, que era uma garota leal, respeitosa e fiel – não com a pessoa com quem ela estava ficando, mas consigo mesma. Assim, o que me impediu foi o *jeito* com que ela disse não.

Ela estava no ponto de ônibus, esperando a condução para ir à escola. Eu ainda tinha meu Land Crusier quando a conheci, mas saí do carro e caminhei até onde a garota estava sentada. Algo me dizia que ela não era do tipo que levava a sério um mano que lançava cantadas aleatórias atrás de um volante. Me apresentei e perguntei se poderíamos trocar números de telefone para sairmos em um encontro.

Ela respondeu: "Não".

Eu falei: "Você quer dizer 'agora não'".

"Se é isso que você precisa ouvir para se sentir melhor consigo mesmo, tudo bem", ela respondeu. "Mas estou dizendo não."

"Bem, pra mim, seu *não* só quer dizer 'agora não'."

"Estou respondendo sobre agora, o momento em que você está me perguntando", ela retrucou. "Você está me perguntando sobre agora, e agora estou dizendo não."

"Então... o que você realmente está dizendo é 'alguma outra hora'."

"Não. Estou dizendo que não."

"E aquele negócio sobre duas negações resultarem em uma afirmação?", perguntei. "Acho que isso significa que você está dizendo sim."

Ela sorriu, balançou a cabeça e disse: "Você não vai desistir, vai?"

"Não mesmo", eu respondi, me aproximando dela no banco do ponto de ônibus. "Agora não." Fiquei intrigado e impressionado com ela. Eu não conseguia entender o que havia de tão diferente naquela garota. Eu sabia que ela nunca me respeitaria se eu não respeitasse sua decisão e seu relacionamento. Comentei: "*Não* é muito definitivo". É uma palavra que significa para sempre e nunca, mesmo que no meu mundo signifique "agora não". Eu não estava mais no meu mundo, e sim no dela, e ficaria lá até o ônibus aparecer, porque quando ele chegasse significaria que eu teria que voltar para o meu mundo, onde "agora não" significava "para sempre" e eu nunca mais a veria.

Ela riu e disse que ou eu era um canalha, ou um psicólogo, mas que ela não sabia dizer ao certo. Eu respondi que era apenas um cara que estava visitando o mundo dela; a garota falou que definitivamente eu era um canalha e que ela não era a rainha de mundo nenhum, somente uma garota no ponto de ônibus que estava atrasada para a aula. Eu disse que era melhor que ela não estivesse se formando em algo que envolvesse inglês, por causa de seu uso da dupla negativa. Então, ela comentou que estava errada – eu não era um canalha nem um psicólogo, era um comediante. Disse que estava se formando em Administração e queria ter um monte de salões de beleza, embora se contentasse em começar com apenas um ali no bairro. Quando o ônibus dela chegou, havíamos conversado sobre ensino superior, psicologia, negócios e comédia. Pensei ter sido um bom começo.

Enquanto a garota entrava no ônibus, eu disse que tinha gostado da nossa conversa e voltaria para o meu mundo, onde "não" significa "agora não", e, se as leis que governam o mundo dela mudassem e as propriedades do "para sempre" ou do "nunca" se tornassem menos definitivas e mais negociáveis, eu ficaria feliz em visitá-la. Ela rebateu que nunca disse "nunca", apenas disse "não", o que significa "não", e não "agora não". E ela entrou no ônibus.

Seu nome era Tanisha, e ela seria a mãe do meu primeiro filho. Eu soube disso naquele dia no ponto de ônibus? Não sei. Mas eu sabia de algo.

A próxima vez que a vi foi em uma pizzaria na Jamaica Avenue. Ela estava com as amigas e eu a senti olhando para mim antes de eu sair da Mercedes preta e comprar duas fatias. A princípio, a encarei de volta sem ser capaz de identificá-la. Quando percebi quem ela era, perguntei se a resposta ainda era "não". Ela questionou minha franqueza, mas disse que não, a resposta não era "não", e que, se eu não conseguisse entender uma tripla negativa, ela apenas pegaria o meu número e nada mais.

Bem, eu peguei o número dela e muito mais. Poucos meses depois, ela estava grávida, e já estávamos naquele ponto em que discutíamos o tempo todo. Uma vez, eu estava descendo a avenida com a namorada de Ray-Ray, que estava me contando algumas merdas engraçadas que Ray-Ray fez. Eu coloquei meu braço em volta dela, escutando toda a merda e rindo, quando Tanisha saltou de uma van barata e deu um tapa na minha cara.

"Quem é essa vagabunda?", perguntou ela.

Se Tanisha não estivesse grávida, eu teria batido nela com tanta força que viraria ela do avesso. Eu tinha passado a vida toda fazendo os caras me respeitarem naquele ambiente, e agora ela vinha dar uma de louca bem onde eu trabalhava. Eu fiquei, tipo: "Este é o meu local de trabalho; você está na boca agora e aparece aqui para fazer merda". Ela escapou daquela vez, mas eu deixei claro: "Você está louca. Se eu te visse falando com alguém, não agiria assim".

Essa foi nossa maior discussão até aquele momento. Ela estava com ciúmes da garota, e essa era uma discussão que eu poderia ter vencido facilmente. Mas Tanisha também estava começando a se preocupar com meu estilo de vida, e lidar com isso não era tão fácil. Dizia que, se eu fosse apenas seu namorado, não veria problema com o que eu estava fazendo, mas a questão é que eu era o pai de seu filho. Ela estava preocupada com o exemplo que eu daria ao nosso bebê. Isso me fez pensar. Eu sabia que tinha tomado minhas decisões, e talvez nem sempre tivesse feito a escolha certa, mas queria que meu filho tivesse mais opções do que eu. Quero dizer, eu estava no corre para não ter que passar a vida no corre. Eu não queria que meu filho crescesse pensando que traficar era a coisa certa a fazer. Eu não queria ser um daqueles pais no estilo "Faça o que eu digo, mas não faça o que eu faço". Eu sabia muito bem como o jogo das drogas era atraente. Sei que uma das razões de eu ter caído nisso com tanta facilidade foi porque observei minha mãe no corre. "Se minha mãe faz isso, então não pode ser tão ruim."

Tanisha realmente me fez pensar muito sobre mim mesmo. Ela disse que não gostava da ideia de ter que criar um filho sozinha se eu acabasse na prisão, ou pior. Foi quando comecei a pensar em fazer algo além de vender drogas. Eu tinha um bebê chegando e não queria criar meu filho ou filha naquele mundo. E, mais importante, eu queria estar lá para fazer parte da vida dele.

CAPÍTULO 18

"EU ESTAVA PRESTES A ME TORNAR UM ASTRO DO RAP..."

Alguns meses depois, conheci o Jam Master Jay. Não foi planejado nem nada, simplesmente aconteceu. Eu tinha ido a uma boate na cidade e alguns amigos em comum nos apresentaram. O cara gostou do meu estilo, e eu disse a ele que queria ser rapper. Eu estava meio brincando, mas ele gostou do meu estilo. Viu que eu era um moleque andando de Mercedes e que tinha algum dinheiro. Também sabia que eu era do Queens, e os caras que nos apresentaram contaram o que eu fazia. Jay me via como um garoto que estava tentando sair do jogo e respeitava isso. Ele era um cara bom, e disse que me ajudaria. Achei que estivesse apenas tirando uma com a minha cara. Estou falando do Jam Master Jay, do Run D.M.C. – esses caras eram os Beatles do hip-hop. Foram pioneiros e lendas. Achei que Jay não trabalharia comigo de jeito nenhum, mas, no dia seguinte, fui ao estúdio dele e ganhei um CD com uma batida. Jay me disse para escrever algo para essa batida e voltar quando eu terminasse.

Eu não sabia o que estava fazendo. Nunca tinha escrito uma rima sequer. Mas olhei para a situação como se fosse minha chance de sair do jogo das drogas, então caí de cabeça nela. Gravei o CD, fazendo rap desde o momento em que a batida começou até o momento em que a batida terminou. Voltei ao estúdio de Jay alguns dias depois e mostrei o que havia feito. Quando ele ouviu, começou a rir. O cara gostou da rima, mas disse que precisava me ensinar o formato da música – como contar compassos, construir versos e tudo o mais. No CD que fiz e entreguei a ele, eu só divaguei falando sobre todo tipo de merda. Não havia estrutura, nem conceito, nada. Mas o talento estava lá. Jay me disse que sua produtora me contrataria. Na época, ele tinha um contrato com a gravadora Def Jam e já havia lucrado com o Onyx, um grupo de caras do meu bairro que já havia vendido milhões de discos e estava prestes a começar a trabalhar em seu terceiro álbum. Nem olhei para o que estava assinando – estava prestes a me tornar um astro do rap.

Eu não sabia nada sobre a indústria da música e pensei: "Estou dentro". Eu achava que em pouco tempo estaria fazendo vídeos e ganhando algum dinheiro que não fosse ilegal. Virei as costas para o tráfico de drogas e foquei na música. Alguns moleques que eu conhecia da Rochdale Village, Jamal e Roger, tinham nascido com um toca-discos no berço. Comecei a andar com eles e a gravar fitas cassetes de freestyle apenas por diversão. No início, nós só fazíamos rap em cima de músicas instrumentais e dizíamos qualquer coisa. Depois, comecei a me preparar e a pensar no que diria quando gravasse com as batidas. Eu estava trapaceando, porque deveríamos fazer freestyle – de improviso –, mas acabei escrevendo minhas merdas. Minhas merdas ficavam melhores que as deles porque eu as planejava. Eu me divertia com isso. Por causa de rappers como Notorious B.I.G., Tupac e Snoop Dogg – todos venderam milhões de discos falando sobre as ruas –, não sentia que tinha que mudar minha personalidade para fazer música. Escrevia sobre minha vida e sobre o que estava acontecendo no bairro. Conseguia me expressar melhor com rimas do que em uma conversa normal. Não somente era divertido, como eu seria pago para fazer música. Melhor impossível. Pela primeira vez na vida, tudo estava se encaixando. Eu sentia como se finalmente soubesse qual por caminho seguir.

Na escola, em tese você deve descobrir no que é bom e então viver disso. Nunca aprendi na escola, mas, quando encontrei a música, encontrei minha direção. Foi quando eu realmente soube o que queria fazer, no que era bom. Ninguém poderia me dizer mais nada. Todo mundo achou que eu estava louco quando disse que ia começar a fazer rap. Todos no bairro que estavam no corre, trabalhando para mim, me olhavam como se eu tivesse caído e batido com a cabeça, mas eu não estava nem aí. Eu sabia o que estava fazendo e para onde estava indo. "Na próxima vez que você me vir, estarei na TV."

Eu inventei o nome 50 Cent porque achei que soava bem. Já havia pensado em todo o conceito como uma metáfora para a mudança, e eu estava decidido a mudar o jogo. Era assim que eu me sentia. Sabia que ninguém tinha o meu jeito de falar sobre as coisas. Naquela época,

Biggie e Pac haviam sido assassinados, e os outros caras que me inspiraram só falavam de fama e riqueza. Eu ainda falava sobre a vida nas ruas. E não estava falando sobre isso de forma geral, estava falando sobre situações da vida real e de pessoas reais que apostavam pesado no jogo. Sabia que minha abordagem era diferente.

Decidi não sair contando por aí que me apropriei do nome do *verdadeiro* 50 Cent. Achei que era algo que somente quem estava no meu círculo entenderia, e o resto do mundo simplesmente pensaria que era um nome bacana. O 50 Cent *de verdade* tinha sido um assaltante do Brooklyn que costumava roubar os rappers. Ele havia morrido, mas era respeitado nas ruas, então eu queria manter seu nome vivo. Outros rappers corriam por aí com nomes como Al Capone, John Gotti e Pablo Escobar. Se eu fosse usar o nome de um gângster, então que pelo menos fosse o de alguém que diria "E aí?" se nos cruzássemos na rua. Não conseguia ver uma situação em que Gotti ou Escobar me dariam um salve.

Eu poderia ter escolhido muitos outros nomes de gângsteres de rua, e alguns rappers depois de mim pegaram alguns dos nomes que dispensei. Eu gostei de "50 Cent" porque parecia algo que as pessoas lembrariam – até uma criança vai se lembrar de "50 Cent", especialmente quando ela começar a aprender a contar dinheiro. Achei que, se eles tivessem idade suficiente para pronunciar palavras, teriam idade suficiente para se lembrar do nome 50 Cent. Era algo abrangente a ponto de se aplicar a outras coisas.

Comecei a vender minha imagem como 50 Cent. Comprei uma corrente de ouro que tinha 25 centavos e cinco moedas de cinco centavos dispostas em forma de cruz. Fiz um adesivo de uma moeda de 50 centavos com meu rosto e a frase "Em Deus, nós confiamos". Nem pensava mais em traficar drogas porque Jay me fez prometer que deixaria tudo de lado. Ele disse que não queria esse tipo de energia ao seu redor e não trabalharia comigo se eu ainda estivesse nas ruas. A razão pela qual ele me colocou sob sua proteção foi para me dar uma saída de onde eu estava me metendo. Eu respeitava as origens do cara. Não entrei no jogo das drogas porque achei que era uma coisa legal de se fazer. Entrei para ganhar dinheiro e porque não via alternativas. Se o rap me tirasse da quebrada, beleza. Apenas me dê a batida e me coloque no estúdio.

Foi então que tive minha primeira lição no ramo da música. Eu havia assinado um contrato com Jay por meses, mas o dinheiro nunca entrava. Não havia finanças envolvidas no contrato do Jam Master Jay – ele me deixava usar o estúdio, mas eu ainda não tinha um contrato com uma gravadora. Antes disso, eu nem sabia que havia uma diferença. Achei que assinar com Jay significava que eu estaria *sob os holofotes*, mas só significava que eu estaria esperando nos bastidores. Como eu tinha parado de trabalhar na rua, acabei vendendo meu carro e muitas joias para me sustentar. Eu já tinha um estilo de vida ao qual estava acostumado. Mas precisava deixá-lo para lá. Estava me ajustando a não ter coisas e a não estar na rua. E escrevia músicas o tempo todo. Em vez de vender drogas, eu ficava na frente de uma caixa de som o dia todo, tentando escrever rap para tudo o que aparecia. Eu estava muito perto do que queria, e não valia a pena andar para trás.

Minha carreira no rap demorou mais para alavancar do que eu imaginei. Estava fazendo músicas que diziam "de alguma forma o jogo do rap me lembra o jogo do crack". E ficava lá sentado, assistindo às minhas músicas serem lançadas em um álbum do Jay-Z. Eu fiz essa música antes de Jay-Z lançar a dele, mas, quando toquei minha versão, as pessoas ficaram, tipo: "Ele está tentando ser como Jay-Z". E eu respondia: "Fica na sua, caralho. É da minha vida que estou falando". Desconfiei que o Jam Master Jay andava tocando meu disco perto das pessoas erradas. Na minha mente, comecei a pensar: "Preciso me afastar desse cara. Ele deveria estar me ajudando, mas parece que na verdade ele está me segurando".

Aprendi a fazer músicas, e isso era tudo o que eu realmente precisava saber. Eu me lembro de fazer uma música chamada "The Hit". Eu estava empolgado, porque todo mundo curtiu e ninguém disse que parecia com algo do Jay-Z ou alguma merda idiota. Mas então Jam Master Jay disse algo que acabou com o meu barato. Ele disse: "Sim, essa merda vai bombar, mas faça outra". Isso ferrou com a minha cabeça, porque achei que ele estava sendo sarcástico. Eu não estava sacando muito bem essa merda, mas percebi que era real. Eu precisava entender que, não importa o quanto um rap esteja bombando, *faça outro, mano*. Eu simplesmente *precisava* entender isso. Enquanto aquele estava bombando, eu tinha que estar em algum lugar fazendo outro à altura, ou minha carreira nunca decolaria. "O seu sucesso só é igual ao sucesso do seu hit mais recente" – esse era o meu mantra. Na primeira vez que ouvi um cara dizer isso para mim, não gostei, mas essa é a realidade. É assim que as coisas são. Eu ainda tinha muito o que aprender sobre o mundo da música.

Depois de ficar sem dinheiro por alguns meses, Jam Master Jay me colocou em uma música chamada "React", o terceiro single do álbum *Shut 'em Down*, da Onyx. Na época em que gravamos a música, ninguém esperava que seria um single. Eles me colocaram na música como um favor para Jay, porque eu era o mais novo cara do bando dele. Contudo, a rádio DJ Funkmaster Flex curtiu a música, então eles gravaram um clipe. O conceito do clipe exigia que fôssemos jogadores de hóquei no gelo. Achei que era uma ideia idiota. Pode até ter sido uma boa ideia para tentar chamar a atenção dos brancos, mas era difícil de ser executada porque éramos 15 pretos ralando para aprender a patinar no gelo.

A música e o álbum não decolaram e eu estava chegando ao meu limite. Jay pode ter me ensinado a rimar, mas a situação como um todo não estava rolando para mim. Eu ainda não tinha conseguido aquilo pelo que estava apostando: dinheiro. Na real, no fim das contas, o que importa é dinheiro no bolso. Jay era um cara legal, mas não havia dinheiro vindo na minha direção. O que importa o quanto ele era legal quando eu tinha que alimentar minha família?

As coisas não estavam indo bem entre mim e Tanisha. Não posso deixar de pensar que era porque eu não tinha dinheiro. Tivemos outros problemas, mas, quando você está sem dinheiro, grana parece ser a resposta para tudo. Achei que, se tivesse alguma renda, poderíamos suavizar as coisas. Mas não havia dinheiro e estávamos sempre brigando. As coisas pareciam bem mais legais quando eu estava trabalhando e podia comprar coisas para ela. Quando a conheci, ela era a pessoa ideal, aquela com quem eu queria estar. Tanisha estava se virando sozinha, morava em cima da barbearia da mãe, fazia faculdade, tinha um emprego. Era o oposto de mim, pois na época eu não tinha casa própria e vendia drogas.

Durante a gravidez, ela teve roupas bonitas porque quando eu estava na rua, arrumava uma porrada de coisas boas para ela. Quando ia para o trabalho, Tanisha vestia Moschino para lá e Gucci para cá. Minha mina era sofisticada em comparação com as pessoas de seu trabalho, isso porque eu dava dinheiro para ela. Contudo, a falta de grana só fez com que todos os problemas parecessem piores. Parte disso foi culpa minha porque, na primeira noite do meu filho fora do hospital, após o nascimento, uma mina com quem eu estava enrolado ligou em casa. Tanisha pegou o telefone e elas começaram a discutir. Sei que aquela situação estava acontecendo por minha culpa. Eu não devia estar zoando por aí. Mas eu estava, e fui pego. Uma vagabunda acabou por contar à Tanisha tudo o que fizemos durante o verão, enquanto ela estava grávida. As brigas começaram de verdade naquela noite e nunca mais pararam.

Ainda assim, tentamos resolver as coisas. Tanisha largou os estudos e mudou-se para Far Rockaway, bem no final da praia. A mãe dela morava em um apartamento lá e tinha acabado de se mudar para outro lugar, então nós o ocupamos. Nossos nomes não estavam no contrato, mas estávamos pagando o aluguel. Não me sentia confortável com a ideia, porque as coisas não estavam bem entre nós, mas quis dar uma chance. Devia isso ao meu filho, porque, mesmo que as coisas não dessem certo entre mim e a mãe dele, eu queria ser capaz de olhá-lo e dizer que havia feito o meu melhor para prover um ambiente familiar em que ele pudesse crescer.

Morar em Far Rockaway só aumentou o estresse. Eu estava em um novo bairro e não conhecia ninguém. Sempre que eu queria dar uma volta ou fazer algum negócio com Jay, tinha que ir até o Queens, no continente. Sem carro, isso ficou extremamente difícil. A coisa toda colocou mais pressão no relacionamento.

Quando Tanisha voltou a trabalhar, ela contou à mãe sobre um cara de seu trabalho. O que é louco nisso é que ela nunca se deu bem com a mãe. A mãe dela nos ajudou oferecendo o apartamento porque a filha precisava de ajuda, mas as duas não eram amigas. Mesmo assim, Tanisha decidiu contar à mãe sobre um cara do trabalho que gostava dela, dono de um restaurante e que dirigia o mesmo tipo de Mercedes que eu dirigia antes de vender para fazer música. Então, um dia, enquanto Tanisha e eu estávamos discutindo, a mãe dela me disse: "Minha filha não é feia. Ela pode conseguir outra pessoa".

"Bem, diga a ela para conseguir outra pessoa!", retruquei. "Me deixa em paz, porra. Vocês não gostam de mim do jeito que eu sou? Vão embora, então." Eu estava entrando em brigas assim com as duas o tempo todo, e a questão de morarmos juntos desmoronou rapidamente. Acabei me mudando de volta para a casa dos meus avós quando meu filho tinha cerca de seis meses. Como Tanisha estava trabalhando, eu cuidava do meu filho a maior parte do tempo. Ele era apenas um bebê, não sabia nem andar ainda. Minha avó me ajudava, mas na maioria das vezes era tudo por minha conta. Eu ficava em casa com ele e trabalhava na minha música durante o dia. Nos finais de semana, eu o levava para a casa da mãe. Era quando eu tentava entrar no estúdio e gravar as rimas nas quais vinha trabalhando a semana toda.

Levá-lo para a casa de Tanisha nos fins de semana era problemático para mim. Eu não tinha dinheiro para o táxi e era difícil colocá-lo em uma lotação com o carrinho, a sacola de fraldas e a bolsa de roupas. Tinha que esperar o ônibus, e isso doía. Não era grande coisa, porque eu estava me sacrificando por meu filho, que é o que um pai deve fazer. Só que meu orgulho estava ferido. Eu estava em uma péssima situação financeira e isso me tirava do prumo. Estava no ponto de ônibus, vendo os moleques que costumavam fazer o corre para mim ganhando dinheiro sozinhos agora, e eu sabia que eles estavam rindo pelas minhas costas. Comecei a pensar que havia tomado a decisão errada. Meus sonhos de fazer rap pareciam mais distantes do que nunca.

Certa vez, desci do ônibus para entregar meu filho à Tanisha e a vi conversando com um cara com quem ela tinha um rolo. Eu não fiquei com ciúmes, mas me irritei porque não estava acostumado a estar naquela situação, segurando um monte de bolsas de bebê e vendo a mãe do meu filho conversando com o ex-namorado. Embora não estivéssemos oficialmente juntos naquele momento, também não tínhamos nos separado. Não importava o quanto a gente discutisse, ainda tínhamos que criar nosso filho, então em um dado momento era difícil saber exatamente em que pé o nosso relacionamento estava. Ainda assim, não senti que estava em um ponto onde ela estaria conversando com um ex quando sabia que eu estava chegando. Achei desrespeitoso. O cara sabia sobre mim, então, quando ele me viu chegando, tentou ir embora, tipo: "Tô caindo fora".

"Pode ficar", ela disse. "Não é o que você está pensando."

E Tanisha ficou lá, conversando com o moleque. Deixei nosso filho e o carrinho e voltei na lotação. Não tinha nada a dizer para ela. Mas o moleque ficou com tanto medo que me ligou mais tarde e disse que queria ter ido embora, mas Tanisha pediu para ele ficar. "Eu não estou tentando atrapalhar nada entre vocês", ele disse. "Mas ela falou: 'Não é o que você está pensando'."

Quando confrontei Tanisha sobre isso, ela nem se deu ao trabalho de negar o que havia dito, e acrescentou que apenas disse que não havia problema em ele ficar por causa da vez em que discutimos quando ela me viu na rua com outra garota. Tanisha usou minhas próprias palavras contra mim: "Você disse que, se me visse falando com alguém, não agiria assim". Na verdade, eu não agi da maneira como ela agiu, mas não estava a fim de discutir sobre isso. Eu sabia que o fato de ela ter dito "Não é o que você está pensando" para um ex-namorado era um convite aberto para mais do que apenas uma conversa. Não é porque ela fez isso, e sim porque fez na minha cara. Essa atitude deixou claro que nosso relacionamento havia acabado.

Algumas semanas depois, Tanisha me perguntou: "Por que eu tenho que cuidar dele no fim de semana? É a minha única folga". Eu não conseguia acreditar no que estava ouvindo. "Então, agora deixá-lo com você é um problema meu?" Ela mudou de ideia mais tarde, mas nunca vou esquecer o que disse. Uma mãe que não tem tempo para o filho? Isso é louco. Como posso voltar a confiar nela? Minha mãe vendia cocaína, mas mesmo assim fazia questão de encontrar tempo para me ver. Nos fins de semana, Tanisha só queria sair. Até hoje, eu olho estranho para ela por conta disso. Mesmo quando acabamos ficando juntos de novo, foi muito estranho. Eu gostava dela no início, mas todas as brigas acabaram com o amor.

CAPÍTULO 19

"ÀS VEZES O JOGO DO RAP ME LEMBRA O JOGO DO CRACK..."

Conheci um executivo da Columbia na barbearia. Ele estava cortando o cabelo, e eu disse que tinha algumas músicas para lhe mostrar. Todos na barbearia confirmaram que eu era bom. Até mesmo as pessoas que talvez tenham rido de mim pelas costas me apoiaram, porque imaginaram que, se eu fosse contratado, depois me lembraria de quem me ajudou. O executivo da gravadora não me levou muito a sério e me pediu para esperar até que ele terminasse o corte de cabelo. Eu não gostei disso, mas o que poderia fazer? Ainda não tinha um contrato com uma gravadora e tinha trabalhado muito para deixar que meu orgulho atrapalhasse a possibilidade de assinar um. Quando ele saiu em direção ao carro, entreguei minha música "The Hit". Markie Dee, dos Fat Boys, estava com ele, e eles a colocaram para tocar no som do carro, mas não estavam ouvindo de verdade. Enquanto a música tocava, o cara da gravadora estava no celular e Markie Dee conversava com alguém pela janela. Eles nem prestaram atenção.

Quando o rap acabou, perguntei o que acharam, e eles responderam tipo: "É boa, é boa". Eu fiquei puto e disse: "Devolve a porra da minha fita. Seus pretos caquéticos". Eles ficaram ofendidos por eu ter dito essa merda, mas nem liguei. Eu sabia que aquela música era boa. Muitas pessoas diziam que era uma das melhores faixas que eu já tinha feito, então eu não estava disposto a deixar as merdas da indústria fonográfica me atingirem – ainda mais depois de eu ter esperado tanto tempo.

Uma semana depois, o executivo conseguiu meu número com o garoto que havia cortado o cabelo dele e me ligou às 2h da manhã. Ele disse que estava indo para o estúdio e conseguiria que eu trabalhasse com os Trackmasters, que na época eram os maiores produtores de rap. Fui cauteloso porque parecia bom demais para ser verdade e eu realmente não conhecia esse cara bem tão bem a ponto de ele me arrumar um trabalho daquele jeito. Adiei para o dia seguinte, até poder verificar a história e ver que era algo confiável.

Quando cheguei ao estúdio, encontrei o Sha Money XL. Sha estava na gravadora do JMJ, mas ele saiu e começou a trabalhar com os Trackmasters. Nunca tivemos nenhuma treta um com o outro, então acabei passando muito tempo com ele, ouvindo suas batidas. Havia outros artistas contratados pelos Trackmasters lá, mas eles meio que se achavam. Os caras haviam participado de outros projetos e queriam agir como as estrelas com quem andavam. Queriam ficar no estúdio e ser tratados como *artistas*. Eu não, eu estava tentando trabalhar. Estava com muita gana e tentando fazer meu projeto decolar. Eu sequer tinha um contrato com uma gravadora. Eles já haviam assinado um contrato com a gravadora dos Trackmasters. Eu até tinha um contrato de produção com o Jam Master Jay, mas essa era minha chance de entrar em uma gravadora de verdade. Não havia um plano B. Eu nem estava pensando em assinar com os Trackmasters. Eu simplesmente sabia que, se tivesse algumas músicas dos Trackmasters na minha demo, eu assinaria em algum lugar. Frequentei o lugar por 18 dias e saí com 36 canções. Estava fazendo duas músicas por dia. Sabia que, para onde quer que eu fosse, alguém me contrataria e pagaria aos Trackmasters qualquer quantia para comprar as músicas.

Os Trackmasters gostaram da minha música e queriam me contratar, mas, primeiro, eu tinha que deixar o selo do Jam Master Jay. Eu já tinha explicado umas dezes vezes para o Jay: eu queria que ele me liberasse porque eu estava cansado de não ganhar dinheiro com a minha música. Ele se recusou a me liberar e, quando veio a oferta da Trackmasters, o cara me pediu 50 mil dólares para rescindir o contrato. Fiquei chateado porque ele não tinha gastado tanto dinheiro comigo quando trabalhávamos juntos. Mas percebi que, se eu não tivesse aprendido as coisas com ele, não teria sido possível ganhar um dólar sequer. Eu nunca teria conseguido o contrato com a Trackmasters se não tivesse passado pelo Jam Master Jay, porque naquela época eu ainda não era um bom artista. O negócio com a Trackmasters me pagou apenas 65 mil dólares. Depois dos honorários do advogado, fiquei com cinco mil dólares. Eu estava tipo, foda-se – "às vezes o jogo do rap me lembra do jogo do crack!" Pelo menos no jogo do crack você pode socar alguém quando ele te deixa sem um puto. A indústria da música tinha todo um conjunto diferente de regras às quais eu tive que me adaptar.

Foi legal no começo, porque eu já tinha feito 36 músicas e achei que ia voltar para o estúdio. Mas os Trackmasters me deixaram de molho por oito meses. Durante esse tempo, eles transferiram meu contrato para a Columbia, a grande gravadora em que estavam, e eu realmente me perdi na confusão. Foi quando tive a ideia de escrever "How to Rob". Não foi uma música difícil de escrever. Criei em cerca de 30 minutos, porque era o que eu realmente estava sentindo na época. Eu estava ali sentado, sem grana, assistindo a todos esses MCs brilharem e ostentarem suas joias e carros. Eu estava ali sentado, pensando: "Queria poder ter aquela corrente". Então, percebi que poderia ter aquela corrente se o cara viesse até a quebrada e não estivesse prestando atenção ao redor. Foi assim que comecei a criar a música.

Eu sabia que, se não fizesse uma faixa que levasse as pessoas a perguntar: "Quem é 50 Cent?", estaria perdendo meu tempo, já que a gravadora não faria isso por mim. Teria que fazer o tipo de faixa que levasse todo o mundo da música a perguntar: "Quem é esse cara, porra?" Então fiz a música, dizendo o nome de todo mundo que eu queria roubar. Naquela época, eu era o único rapper que poderia ter feito "How to Rob", porque eu não tinha uma amizade tão forte com nenhum dos MCs a ponto de ter que pegar no telefone para me explicar. Eu não liguei para ninguém, porque, se ligasse para qualquer pessoa, teria que ligar para todas as pessoas que citei e esclarecer tudo. Eu estava, tipo: "A música é essa, e se você tem algum problema com isso, a gente vê depois o que pode fazer".

Eu me cansei daquela música bem rápido, mas ela realmente deixou sua marca. Todo mundo que era alguém no mercado tinha algo a dizer sobre mim. Eu vi que estava sendo agressivo o suficiente ao deixar a minha marca pela maneira como as pessoas passaram a me reconhecer imediatamente – não seis meses depois de a música ser lançada, mas logo quando isso aconteceu. Havia caras com faixas de sucesso que não estavam chamando a mesma atenção. Todos os caras fodas ficaram meio putos comigo, e eu nem tinha lançado um álbum ainda. A resposta que recebi me ajudou a ser colocado na parada. Quanto mais eles reagiam, maior ficava o meu nome. Eu não podia pagar por esse tipo de publicidade, e minha gravadora com certeza não pagaria.

Eu amei que os caras tivessem algo a dizer sobre mim por causa de uma faixa. Big Pun, DMX, Wu-Tang Clan. O melhor foi o que Jay-Z disse no SummerJam. Fui falar com ele nos bastidores e ele disse: "Você sabe que estou prestes a socar você, certo?" Eu fiquei, tipo: "Que porra ele está falando?" Quando ele estava se apresentando, ficou na frente de toda Nova York e me insultou: "Eu sou um dólar, que porra é 50 Cent?" No dia seguinte, eu estava em uma estação de rádio falando sobre a treta. Um tempo depois, encontrei Jay-Z no restaurante do P. Diddy, o Justin's, e agradeci. Ele riu de mim. Provavelmente o desconcertei por ter entendido o que estava acontecendo. Eu estava pensando nos negócios. Não dei a mínima para o que ele disse. "Pode falar o que quiser, seu filho da puta. Basta dizer meu nome. É tudo de que preciso."

CAPÍTULO 20

"AGORA ESTÁ SE TORNANDO PESSOAL. NÃO VAI SER FÁCIL ACABAR COM ESSA TRETA…"

Um amigo meu roubou o Ja Rule. Foi assim que a treta começou. Meu brother roubou uma corrente dele, e então um cara chamado Brown apareceu e pegou a corrente de volta para o Ja. Uns dias depois, Ja me viu em uma boate com o garoto que o havia roubado. Eu me aproximei para dizer: "E aí?", mas Ja agiu como se tivesse um problema comigo. Mas não fui eu quem o roubou. Eu pensei: "O preto que te roubou tá aí. Você não tem nenhum problema com ele, mas tem um problema comigo?" Fiquei bem puto. Nesse ponto, eu não estava em posição de fazer ou dizer nada; eu ainda era um novato. Apesar de eu ter lançado o "How to Rob", esse rap nunca foi lançado como um single comercial. Foi apenas um corte promocional para os DJs. Então, na verdade, eu nunca tinha vendido uma faixa e ponto final. Não tinha nada a dizer, então deixei pra lá.

Um tempo depois, ele estava gravando um clipe na Jamaica Avenue e toda a quebrada estava lá. Vi o Ja novamente e dei um salve, mas ele simplesmente passou reto por mim. Não dei a mínima, mas então ele começou a falar sobre mim e dizer às pessoas que eu não sabia fazer rap. Sinceramente, não me importava se ele dizia que eu sabia fazer rap ou não. Mas, como eu ainda não tinha sido lançado, ele estava sabotando minha *fan base*. Se minha própria quebrada não me apoiasse no começo, seria muito mais difícil decolar. Ele também usou os contatos que tinha na indústria para impedir que as pessoas trabalhassem comigo.

Eu fiquei, tipo: "Esse cara nunca faria isso na rua". Ele nunca esteve nas ruas, nunca fez o corre, nunca usou arma, nunca fez nada do que ele fala em seus raps. Mas, porque agora eu era um rapper, ele sentia que éramos iguais. Então fui lá e fiz uma música sobre ele: "Your Life's on the Line". Não mencionei o nome dele, mas era óbvio sobre quem eu estava falando. O grupo dele se chamava Murder Inc., e no refrão eu cantava "Grite 'Murder', eu não acredito em você".

Depois de eu lançar a música, Brown apareceu e me disse para deixar o Ja em paz. Ele falou: "Deixe aquele preto em paz. Tô me alimentando, aquele preto é comida minha". Eu fiquei, tipo: "Como você se refere a outro homem como sua comida?". Mas nem liguei; fiz a música que deveria fazer e deixei por isso mesmo.

Como "How to Rob" fez barulho, pude fazer alguns shows. Não davam muito dinheiro, basicamente apenas o suficiente para cobrir as despesas, mas eram shows, e eu estava feliz por fazê-los. No mínimo, subir no palco significava que minha carreira estava em movimento. Em um show em Atlanta, Ja Rule estava na programação comigo. Não dei muita trela, porque já tinha falado com Brown sobre a situação. Quando cheguei ao meu hotel antes do show, vi Ja parado do lado de fora, então fui falar com ele e avisei que estava tudo resolvido. Na minha cabeça, não tínhamos mais problemas. Se eu achasse que haveria um problema, teria ido lá com, tipo, 15 pretos do Brooklyn, e parado na loja de ferragens antes – para garantir que todos tivessem uma faca quando chegássemos lá. Mas eu estava pensando: "Foda-se, eu já falei com o Brown, então tá de boa".

Quando comecei a falar com Ja, ele desandou a dizer merda. Estava fazendo um showzinho para os amigos, para melhorar sua reputação. Mas o cara não conseguia se manter no personagem, porque não é realmente um dos manos da rua. Não sabia como levar a conversa do jeito certo. Ele estava segurando um pequeno taco de beisebol, que balançava para entoar suas frases, mas, no máximo, aquilo o fazia parecer um bobo da corte. Mesmo que estivesse em vantagem, não havia necessidade de atuar. Poderia ter dito calmamente o que tinha a dizer e depois voltado para o seu grupo e contado a eles: "Sim, eu dei um sacode nele". Ele não sacou, achou que fui conversar com ele por medo, mas não era isso. Foi apenas em respeito ao Brown e por perceber que tinha a oportunidade de mudar minha vida. Mas Ja interpretou minha simpatia como fraqueza e tentou jogar como se fosse um dos grandes. Ele estava falando merda, mas nem olhava na minha cara. Olhava para os amigos e falava alto para que pudessem ouvi-lo. E o que ele realmente estava fazendo era me implorar para dar um soco no olho dele. Seus lábios estavam se mexendo, mas tudo o que eu podia ouvir saindo era: "Me dê um soco no olho. Eu mereço. Por favor, me dê um soco no olho".

Há certas coisas que não aceito, aconteça o que acontecer. Fiquei na rua tempo demais para deixar esse tipo de desrespeito pra lá. Então, fiz o que ele pediu e o acertei bem na cara. Tinha oito caras com ele, e eles correram e se amontoaram em cima de mim. Oito caras. Era para eu ter ficado em pedacinhos naquela calçada, pronto para entrar numa ambulância. Mas não foi o que aconteceu. Depois de tudo dito e feito, fiquei com as joias dele. Eu tinha arrancado sua corrente enquanto estávamos lutando e disse que ele poderia vir buscá-la. A essa altura, a polícia estava chegando e todo mundo saiu correndo. Não foi grande coisa para mim. Eu estava disposto a ficar ali e dar uma surra no cara se ele quisesse.

Quando voltei para Nova York, Brown veio falar comigo sobre o que havia acontecido. Expliquei a situação, e ele entendeu por que as coisas tinham se desenrolado daquela maneira. Disse que não podia me culpar e me deu um relógio de ouro para pegar a corrente de volta. Porém, depois daquele incidente, voltei para o corre, porque não tinha certeza se a coisa do rap daria certo. Na época, Ja tinha mais contatos na indústria do que eu, então percebi que havia queimado muitas chances quando dei um soco na cara dele. Não houve repercussão nas ruas, mas a indústria era uma coisa totalmente diferente.

Eu não queria voltar a fazer o corre, mas àquela altura achava que não tinha escolha. Eu estava deixando o jogo para trás para poder fazer rap, mas o rap estava começando a ficar complicado demais. Pior ainda, meu nome no mundo do rap era muito maior do que o dinheiro que ele estava gerando. Como eu seria visto se tivesse a música que mais bombava na cidade, mas ainda andasse em lotação? Mesmo que minha carreira musical estivesse prestes a decolar, eu tinha que me colocar em uma posição em que as pessoas gostariam de me contratar. Ninguém quer fazer negócios com alguém que parece precisar de ajuda. Pessoas bem-sucedidas só querem fazer negócios com pessoas que parecem ter algo a oferecer. As duas coisas caminham de mãos dadas. Se eu quisesse fazer sucesso no jogo do rap, precisaria voltar ao jogo do crack.

Quando voltei a vender drogas, me tornei ainda mais agressivo do que antes. Tive que ser. Havia perdido tanto tempo que as pessoas duvidavam de mim, então tive que dar alguns exemplos. Isso incomodou muita gente. Enquanto estive fora do jogo, muitas pessoas se deram bem, mas eu não estava nem aí para elas. Recomecei exatamente onde havia parado. Queria dominar a boca de novo; não fazia sentido querer nada menos.

Reuni um bando e trouxe reforços do Brooklyn. Foi como nos velhos tempos. Entrei no jogo como se eu nunca tivesse saído dele. Ou quase. Durante a minha ausência, alguns caras mais velhos que comandavam as coisas no passado tinham voltado da prisão. Eles me consideravam jovem demais para tentar assumir o controle, mas eu nem ligava para eles. O tempo daqueles caras já era. Todo mundo acaba crescendo e se torna conhecido. Eu estava, tipo: "Foda-se, já sou adulto". Mas os caras mais velhos olhavam para mim, tipo: "Esse preto poderia ser meu filho, ele tem idade para ser meu filho e está se achando. Vai se foder". Esse foi o início de muitos problemas.

Uma noite, Kyle e Sonny brigaram por causa de uma garota. Kyle e Sonny eram caras mais velhos com uma reputação de peso e muito a perder se seus bandos entrassem em guerra. Mas foi por uma questão de honra, porque a mulher em questão era namorada de Sonny quando ele foi para a prisão. Só que, quando Sonny saiu, ela estava com Kyle. Sonny achava que, por respeito, Kyle não devia ter ficado com a mina dele, mas Kyle não concordava, então eles decidiram resolver as coisas no soco, como nos velhos tempos. Eles se pegaram, e Kyle acabou com Sonny.

Nesse ponto, eu estava trabalhando nas duas frentes – tanto no estúdio quanto na rua. Eu perdi a briga, mas quando voltei todos me contaram o que tinha acontecido. Mais tarde naquela noite, vi Sonny ali na área e fui falar com ele. Durante toda a conversa, fiquei olhando na cara dele. "Que porra você está olhando?", ele perguntou.

"Estou olhando para ver se você tomou um sacode", respondi. "Os manos disseram que o Kyle te arrebentou, então eu só queria ver se era verdade." Sonny não conseguia acreditar. Ele fez um gesto como se fosse me socar, mas conhecia minha reputação de boxeador, então manteve distância. Havia uma multidão de pessoas ao redor, e seria constrangedor para o cara levar duas surras na mesma noite – especialmente se a segunda porrada fosse de um garoto 15 anos mais novo que ele.

"É melhor você dobrar a língua", ele ameaçou.

"Ou o quê?", provoquei. "Você não vai fazer merda nenhuma, além de sentar aí e levar uma surra de novo, otário. Você age como se fosse foda, mas levou uma surra. Se aquele idiota do Kyle colocasse as mãos em mim, eu ia bater até enterrar a bunda dele no concreto."

Todos ficaram em silêncio, e Sonny simplesmente se afastou. Mais tarde naquela noite, o Padrinho me ligou e disse que eu estava ficando fora de controle. "Você está desrespeitando as pessoas erradas", comentou ele.

"Quem?", perguntei. "O Sonny? Foda-se ele."

"Você despeitou o Sonny publicamente e desrespeitou o Kyle também", ele ralhou. "Você passou dos limites, cara. Sei que está fazendo bons negócios e respeito isso, mas agora está se tornando pessoal. Não vai ser fácil acabar com essa treta."

O Padrinho organizou uma reunião com todos os envolvidos, mas agendou para um dia em que eu tinha uma sessão de estúdio, então faltei à reunião. De qualquer maneira, eu realmente não me importava com aqueles caras velhos. Podia sentir a tensão no ar, mas isso não fazia diferença para mim. Minha gravadora não estava me dando muito tempo de estúdio, e isso era mais importante para mim do que o ego de um gângster velho. Achei que, se fizesse a música certa, explodiria e nem sequer teria que me preocupar com aqueles filhos da puta. O engraçado é que os problemas foram me encontrar no estúdio naquela noite.

Eu estava gravando na Hit Factory, em Manhattan, e Ja Rule estava gravando em um estúdio separado. Acho que ele ainda estava chateado pela surra de Atlanta, porque o cara e seu grupo correram para o meu estúdio enquanto eu estava gravando. Alguém entrou sorrateiramente, apagou as luzes e uma briga começou. A briga foi tão rápida que eu nem entendi o que aconteceu. Eles entraram correndo, deram alguns socos, e saíram correndo. Eu não tinha certeza do que estava acontecendo, então saí, peguei um táxi e fui para casa. Quando estava no banco de trás do táxi, percebi que estava sangrando por dentro. Achei que devia ter esbarrado em um equipamento de gravação ou algo assim. Quando cheguei em casa, minha avó me disse que tinha ouvido falar que fui esfaqueado em um estúdio. Eu levantei minha camisa para mostrar o corte, e ela o limpou com água oxigenada. "Eu disse para você parar de fazer coisas ruins, que um dia você vai pagar por isso", ela disse.

Eu respondi que estava apenas de boa no estúdio quando alguns caras me emboscaram, mas minha avó não acreditou em mim. Algumas horas depois, meu telefone começou a tocar e as pessoas diziam que tinha ouvido falar que o grupo de Ja Rule tinha me esfaqueado no estúdio. Foi assim que descobri quem tinha feito isso. Foi uma coisa louca. Parecia um golpe publicitário, porque todos ficaram sabendo o que aconteceu antes de mim. E o corte nem era motivo de orgulho. Eles entraram correndo, apagaram as luzes e eu saí com uma picada. Foi ridículo. Um cara pode entrar em uma briga em uma boate e acabar precisando de 150 pontos para costurar o rosto, já esses caras até apagaram as luzes para dar a merda de uma facada idiota que não serviu para nada. Se eles fossem tão gângsteres, teriam me deixado ver quem estava ali. Só fui ao hospital porque, na manhã seguinte, minha avó queria que eu visse se o corte não estava infectado. Tinha parado de sangrar, mas ela queria que eu verificasse novamente, então eu fui.

Quando cheguei ao hospital, deram três pontos, prescreveram alguns antibióticos e me mandaram para casa.

Então, o Padrinho me ligou e disse que estava chateado por eu ter faltado à reunião. Ele disse que não tinha sido fácil organizar aquele encontro e que eu podia pelo menos ter tido a gentileza de lhe telefonar. Ele me disse que eu estava por minha conta. Senti como se tudo estivesse desmoronando sobre mim. Estava indo contra tudo e contra todos, mas pensei que ainda poderia vencê-los.

CAPÍTULO 21

"O ATIRADOR ESTAVA NA MINHA FRENTE, ESVAZIANDO O PENTE…."

O motorista estava esperando por mim no carro com sua namorada. Ele não viu nada fora do comum. Saí de casa, olhei para os dois lados e entrei. O motorista viu minha corrente e perguntou onde estava o pingente de cruz de diamante.

"Eu não vou desfilar essa joia hoje", falei. "Por quê? Você acha que eu deveria usá-la?"

"Acho."

"Você não acha que essa aqui é mais foda?"

"Essa aí é foda para caralho. É por isso que acho que você deveria desfilar a cruz e me deixar desfilar essa."

Eu ri: "Você é um preto engraçado".

Ficamos sentados no carro por um minuto. Estava esperando ele dar a partida. Depois de um minuto, ele olhou por cima do ombro. "Puta merda. Você ainda está aqui? Achei que tivesse voltado para pegar a outra corrente."

Entrei em casa, coloquei a cruz de diamante e resolvi pegar alguns ferros, caso tivéssemos algum problema por causa das joias. Peguei uma jaqueta para carregar as armas que tirei do quintal e dei uma corrida rápida até o carro, com as armas na jaqueta, a jaqueta no braço, a corrente na mão. Desta vez, não olhei para os dois lados.

Outro carro entrou devagar na rua e parou, mas na hora não percebi, só deslizei para o banco de trás. Senti alguém vindo por cima do meu ombro, mas não vi ninguém ali. O outro carro voltou a rodar. Quando entreguei a corrente ao motorista, o atirador estava se aproximando pelo meu lado esquerdo. Eu quero acreditar que, naquele ponto, já imaginava o que aconteceria. Mas, se eu tivesse imaginado, não teria levado um tiro, certo?

O atirador estava na minha frente, esvaziando o pente. Eu pulei. Senti minhas pernas pegando fogo e caí. O atirador enfiou a mão mais fundo pela janela, ainda atirando. Peguei a jaqueta no meu colo. Apontei a arma para ele, mas a arma não estava engatilhada. Não havia nada no pente. Uma bala atingiu meu rosto, e minha boca explodiu. Outra bala estourou minha mão antes que o motorista finalmente partisse.

CAPÍTULO 22

"TIVE QUE IR PARA A ACADEMIA SÓ PARA COLOCAR MINHAS PERNAS DE VOLTA NO LUGAR…"

Depois que levei nove tiros à queima-roupa e não morri, comecei a pensar que devo ter um propósito na vida, tipo, eu tenho que estar aqui por um motivo. Fiquei pensando: "Como esse cara estava perto de mim, tão perto, atirando mesmo, nove vezes, e não conseguiu terminar o serviço?" O cara veio cheio de marra, parecia o Allen Iverson indo para a cesta, driblando os manos – mas não conseguiu acertar a cesta. Tive um ferimento de bala no rosto, mas isso não me impediu de continuar, não me mudou, nem nada. Só resultou em um dente faltando. Qual o maior dano que aquela bala poderia ter causado? Um centímetro nesta ou naquela direção e eu já era.

Aqueles tiros não tiveram nada a ver com hip-hop. Vieram da minha falta de cooperação com os pretos das ruas. Eu estava no meu próprio ritmo e achava que os caras deveriam fazer o que eu queria que eles fizessem. Mas eles achavam que eu deveria estar fazendo o que eles queriam que eu fizesse. E então os tiros foram disparados.

Depois que fui baleado, todos com quem eu tinha algum problema ainda estavam nas ruas. Estavam presentes, mas eu não conseguia colocar as mãos neles. Não eram acessíveis para mim, mas estavam por lá. Todo mundo estava lá, exceto o atirador; ele foi morto duas semanas depois de eu ter sido baleado. Ele era do Brooklyn, e os caras que eu conhecia no Brooklyn sabiam quem era. Ele nem mesmo andava com o bando que o chamou para atirar em mim – era um freelancer. Se eu tivesse contratado o cara antes, ele teria atirado nos outros pretos por mim. Eu soube tudo sobre a situação logo depois que aconteceu. Consegui descobrir tudo porque, como eu disse, a reputação é a pedra angular do poder. Esses caras tinham que passar por gângsteres, então eles precisavam que as pessoas soubessem *por que* eles são o tipo de mano com quem você não quer criar problemas. Precisavam que as pessoas soubessem do ocorrido. "Sim, eu fiz isso." Mesmo se for dentro de uma comunidade que não vai dizer nada, eles precisam que as pessoas saibam, caso contrário, não vale a pena.

Eu sabia exatamente o que estava rolando. Recebi todo tipo de telefonema. Algumas pessoas estavam apenas tentando conversar comigo, para ver onde minha cabeça estava. Eles sabiam que desde moleque eu deixaria minha arma cantar se houvesse um problema, sem fazer perguntas. Algumas pessoas estavam apenas tentando obter informações. Outras me ofereceram recursos para reagir à situação. Eles me deram o sinal verde para contra-atacar ao dizerem: "Se você atacar esses caras agora, ninguém vai fazer nada". Mas eu não sabia em quem confiar. Basicamente, eu estava sozinho. Eu simplesmente recuei porque não sabia em que posição meu bando estava. Não sabia quem reagiria da maneira certa.

Acho que pessoas normais que nunca estiveram nesse ambiente podem escolher fazer análise ou terapia. Porém, isso não era realmente necessário para mim. Fiz coisas com as pessoas e saí impune, então olhei para as coisas do ângulo "O que passou, passou". Eu não estava com medo de sair de casa nem nada do gênero.

Não deixei que as pessoas fossem me ver no hospital porque estava um pouco prejudicado. Eu era o mano mais forte da minha quebrada, e meu bando sempre me procurava para receber conselhos. Não poderia deixá-los me ver naquele estado. Quando precisavam resolver alguma coisa, era eu quem dava a eles a direção para lidar com a situação. Se me vissem no hospital, poderiam ficar abalados. Eu poderia falar: "Não, mano, estou bem", mas eu não conseguia mover as pernas, porque minhas pernas foram baleadas para caralho. Eu não conseguia mover a mão porque tinha suturas saindo desde o polegar, por onde a bala entrou, até o topo do meu dedo mindinho, por onde ela saiu. Eu tinha um buraco no rosto e um aparelho na boca, então não conseguia nem falar com clareza. Não importa quantas vezes eu pudesse murmurar: "Não, mano, estou bem", eles teriam me olhado e pensado: "Porra, esse cara está todo fodido". Isso poderia tê-los abalado a ponto de sentirem que deveriam fazer outra coisa. Poderiam ter se transformado em pessoas diferentes depois de me ver em uma condição tão vulnerável. Portanto, as únicas pessoas que puderam me ver foram meus avós, meu filho e a mãe dele.

Meu quadril estava me matando. Foi fraturado. O quadril é um osso importante – eu não conseguia nem sentar direito. Toda essa situação foi louca. Eu não recebi nenhum analgésico – sem drogas, nada. Até deveria ter tomado alguma coisa, mas não me deram a receita quando saí do hospital e nunca mais voltei. Era a primeira vez que estava em um hospital desde que nasci, além da vez em que fui receber os três pontos. Eu nunca tinha estado no hospital em nenhum outro momento. Não gosto de hospitais. Fiquei lá 13 dias e foi o suficiente para mim.

Quando saí do hospital, fiquei fora da cidade por um tempo. Eu deveria fazer fisioterapia, mas não gostava dos exercícios. Doía demais. Para tratar da minha mão, eles dobravam meu polegar para trás a fim de evitar que o tecido que estava cicatrizando se desenvolvesse ao redor dos ossos. Eles ficavam empurrando aquela merda para trás e doía para caralho. Eu saía de lá todo dolorido. Então, depois de fazer uma ou duas sessões, nunca mais voltei. Comecei a cuidar da minha própria reabilitação. Eu me sentava e fodia com minha mão sozinho, depois me matriculei em uma academia. Tinha perdido muito peso. Em primeiro lugar, perdi peso por ter ficado 13 dias hospitalizado. Depois, perdi mais, porque fui alimentado por via intravenosa por mais seis semanas. Minha mandíbula ainda estava fechada, então eu bebia macarrão com queijo ou atum com leite batido no liquidificador. Passei de 85 para 62 quilos. Eu estava muito magro. Tive que ir para a academia só para colocar minhas pernas de volta no lugar. A maioria dos tiros tinha acertado as pernas, muitos ferimentos nos músculos. Comecei apenas caminhando. Caminhava muito porque estava em um lugar onde não era possível simplesmente dar a volta no quarteirão ou pegar um táxi. E, então, fui para a academia e comecei a usar a esteira.

Eu estava em Poconos. A avó materna do meu filho morava lá, então ficamos na casa dela com a mãe do meu filho enquanto eu me recompunha. Mas, como eu disse, Tanisha e a mãe tinham seus próprios problemas. Elas brigavam sem motivo. Discutiam como pessoas que se odeiam, não como mãe e filha. Chegou a um ponto em que não podíamos mais ficar lá. Eu olhava para a mãe do meu filho, tipo: "Como você consegue ser tão idiota? Por que está brigando se não tem nenhuma alternativa?" Acho que o cérebro dela deve ter pensado que não era nada tão sério, tipo, não deve ter achado que era o caso de encontrar outro lugar para morar antes de sair brigando. Ela simplesmente não tinha esse instinto de autopreservação. A mulher se deixava levar pela raiva, e só gritava. A mãe dela ficou, tipo: "Vocês têm que sumir daqui". Tanisha teve que voltar para Nova York e passar um tempo na casa da avó.

Fiquei com a mãe de Tanisha enquanto procurava outro lugar para morar. Quando Tanisha voltou, provocou a mãe: "Ah, você acha que ele gosta de você? Ele não gosta de você, porra. Está só dando uma de louco até melhorar de situação".

Ali estava a mãe do meu filho dizendo isso à mãe dela. Eu não conseguia acreditar. Eu estava, tipo: "Sua vagabunda burra. Agora, além de tudo, temos que arranjar um lugar para morar. Não podemos morar na casa da sua avó em Nova York. Onde ficaríamos, na sala de estar?!" A avó tinha um apartamento de um quarto na Highland Avenue, no bairro Jamaica. Não era grande o suficiente para ela e não era seguro para mim. Não fazia sentido, mas Tanisha simplesmente não entendia essa merda.

Felizmente, consegui um apartamento. Ainda estava na cama do hospital quando assinei o contrato de lançamento do meu álbum. O negócio foi fechado em 250 mil dólares – recebi 125 adiantados e a outra metade deveria vir quando o álbum fosse lançado. Depois de todos os honorários de advogados e coisas assim, saí com 85 mil. Paguei pela minha espelunca e comecei a malhar porque ainda estava fodido fisicamente. Eu conseguia andar, mas ainda estava passando por momentos difíceis. Eu ia para a academia de moto e passava muito tempo nas pequenas bicicletas ergométricas.

Voltei a trabalhar na minha música. Minha vida era ir para a academia, tentar me recompor e trabalhar na minha música. Isso durou cerca de um ano e exigiu algumas mudanças, até que o dinheiro começou a acabar. A conta era simples: o dinheiro saía e nada entrava. Na verdade, teria sido mais barato comprar o lugar em vez de alugá-lo.

Eu disse à mãe do meu filho: "Você tem que trabalhar". Porque ela ia para a faculdade, mas depois voltava e ficava sentada o dia todo. Eu disse a ela para arranjar um emprego, mas Tanisha me olhou, tipo: "Você vive me dizendo para procurar um emprego, mas você não trabalha". Ela não respeitava o que eu fazia. Aquela mulher não achava que a merda da música era um trabalho; ela só me via na frente do rádio o dia todo sem fazer nada. Nesse ponto, eu havia parado de escrever meus raps e tinha uma grande parte deles na cabeça. Então, aos olhos dela, eu estava apenas sentado ouvindo música o dia todo. Para Tanisha, eu não estava fazendo nada – só ficava ouvindo o rádio. Para mim, eu estava trabalhando no que agora é conhecido como *Get Rich or Die Trying*. Eu estava, tipo: "É isso aí, porra, é isso que eu vou fazer". E Tanisha dizia: "Para mim, parece que você não está fazendo nada".

Acho que foi nessa época que eu basicamente soube que estávamos no fim. Se um desconhecido nos olhasse de fora, poderia parecer que eu meti o pé quando comecei a explodir. Mas, em sua cabeça e em seu coração, ela devia saber que sempre tivemos problemas.

CAPÍTULO 23

"O ÚNICO MODELO DE NEGÓCIO QUE EU CONHECIA ERA O TRÁFICO DE DROGAS, ENTÃO FOI ASSIM QUE COMERCIALIZEI MEU PRODUTO…"

Levar os tiros não foi a pior coisa que me aconteceu. A pior coisa que me aconteceu foi não saber o que fazer depois de levar os tiros. Eu não tinha certeza do que faria da minha vida. Decidi que ia mexer com música em vez das merdas que fazia na rua, mas, depois que fui baleado, as pessoas com quem eu fazia negócios pararam de atender às minhas ligações. Eu ligava para elas e dizia: "Estou pronto. Já me recompus". Mas ninguém dava a mínima. Tudo mudou. Todo mundo me deu as costas. Estava começando a notar a diferença entre o mundo dos negócios e as pessoas que fingem ser amigas.

Sentar e observar as pessoas vendendo discos doeu mais do que levar aqueles tiros. Os tiros passaram – eu saí do hospital em 13 dias e me curei meses depois. Só que, mais de um ano depois, a gravadora ainda não tinha conseguido fazer nada comigo. Eles jogaram a toalha da primeira vez e, depois dos tiros, ainda estavam sem a menor ideia do que fazer comigo. Nem sabiam que era possível alguém levar tanto tiro como eu levei. Para as pessoas que estavam no controle da minha carreira, o que aconteceu comigo só acontece na TV – é notícia. Não faz parte da realidade deles.

Comecei a me reconstruir. Não foi um processo longo, porque eu estava pronto, disposto e me sentia capaz de trabalhar. Demorou um pouco para meu contrato vencer, mas assim que acabou tudo passou a depender somente de mim. Sempre que fico por minha conta, eu supero. Sempre que deixo as coisas para outro cara fazer por mim, saio de mãos abanando.

Eu estava em contato com o Sha Money XL de novo. Ele apareceu no hospital no dia em que levei os tiros, ligou para minha avó e manteve contato durante todo o tempo em que estive fora do ar. O cara tinha uma casa em Long Island, com um estúdio no porão. Eu não tinha dinheiro naquele momento, então eu basicamente ia e voltava de Nova York, indo da academia para o clube de tiro e depois para o estúdio.

Do estúdio para a academia, para o clube de tiro, para o estúdio, para a academia, para o clube de tiro. A essa altura, eu já estava tão acostumado a ir à academia que se tornou um hábito – não necessariamente para levantar pesos, mas para lutar boxe, correr na esteira ou o que quer que fosse. Meu corpo estava totalmente recuperado, embora eu tenha mancado levemente por um longo tempo. Eu ia a um clube de tiro localizado a algumas horas da cidade para manter minha mira perfeita. Jamais seria pego de surpresa novamente.

Comecei a trabalhar na minha música, gravando-as em compilações. O único modelo de negócio que eu conhecia era o tráfico de drogas, então foi assim que comercializei meu produto. Sabia que a única maneira de entrar em qualquer mercado é distribuindo amostras grátis. Tive de construir uma clientela antes de ver o lucro. Tive que investir na minha marca.

A primeira música que lancei foi "Fuck You", que dizia: "Fodam-se os pretos que atiraram em mim. Fodam-se". Minha situação era pública – as pessoas sabiam que tinham me arrebentado todo. Quando me ouviram dizer isso, acho que passaram a me ver de uma maneira diferente. Eu não perdi tempo em dizer, tipo: "Fodam-se" para os pretos que atiraram em mim. Isso era novo. A maioria dos manos que falam como gângsteres e bandidos em raps não quer realmente participar das coisas que colocam em seus discos. Não estão prontos para disparar as porras das armas de verdade. Se os caras aparecessem e atirassem neles nove vezes, aposto que esses rappers perderiam o interesse pela música bem rápido. Mas não deixei essa merda me parar. Fora da música só restava a quebrada. Eu estava saindo da quebrada, e veja o que aconteceu. O que eu deveria fazer, voltar para a quebrada? A quebrada já tinha voltado para mim. Naquele ponto, tudo estava igualmente ferrado. E eu estava, tipo: "Foda-se. O que tiver que ser, será".

Os DJs de mixagem adoraram "Fuck You". Foram fisgados, então comecei a fornecer freestyles para eles. No começo, eu jogava de acordo com as regras e levava coisas exclusivas para os DJs. Eu ia ao estúdio com um DJ e fazia algo exclusivamente para ele. Então, comecei a distribuir o mesmo freestyle para todos – eu me distribuía. Eu queria

"O ÚNICO MODELO DE NEGÓCIO QUE EU CONHECIA ERA O TRÁFICO DE DROGAS..."

saturar o mercado, e não havia como fazer isso atendendo a cada DJ em particular. Decidi fazer as músicas sozinho e simplesmente distribuí-las.

Eu tinha o contato de cerca de 50 ou 60 DJs em todo o país. Procurei os caras e contei o que eu estava fazendo, para que não achassem que eu estava me limitando a lhes enviar a minha música. Eu queria que eles sentissem que eram parte de alguma coisa. Disse que daria a eles todos os freestyles que eu fizesse. Para alguns eu entregava um material exclusivo e sempre mudava a pessoa que receberia o material primeiro, para não parecer que eu estava favorecendo ninguém. Segui a linha do "Weird Al" Yankovic e comecei a fazer algumas versões de músicas antigas. Não me importava de quem era a batida – se fosse minimamente decente, eu a refazia. Peguei algumas coisas do Wu-Tang, Talib Kweli, Angie Martinez, Raphael Saadiq, Next, quem quer que fosse. Eu não precisava gostar da pessoa para gostar da sua batida.

Minha forma de abordar o circuito de mixagem mudou toda a indústria do hip-hop. Agora, todos estão seguindo meus passos – todo mundo está lançando seus próprios CDs de mixagem e usando o meu formato, quando o assunto é fazer freestyles em uma música já existente. O engraçado é que fiz isso porque não tinha outra opção. Se eu tivesse dinheiro, teria apenas gravado um vinil e divulgado em faculdades ou programas de rádio. Mas não tinha essa grana, então tive que fazer o que era acessível. Tinha a notoriedade de pertencer a uma grande gravadora, e o fato de ter levado uns tiros foi um bom marketing. Na rua, os caras me conheciam. Mesmo quem não conhecia minha música conhecia minha história: "50 Cent? Ah, sim, é o cara que levou os tiros". Quando ouviram que eu tinha voltado para o circuito de mixagem, eles pensaram: "Ele deve estar produzindo um álbum". Os camelôs até me usavam como marketing. Quando ouvi um deles dizer: "Ei, eu tenho a fita do 50 Cent aqui", eu soube que eu era alguma coisa. Um camelô disse isso *para mim* em Manhattan. Um africano na Canal Street olhou na minha cara e disse: "Eu tenho a fita do 50 Cent". Se ele não tivesse me dito isso, não tenho certeza se teria lançado minhas próprias fitas de mixagem. Mas, quando ele me abordou, soube que isso significava que as pessoas que o procuravam estavam pedindo a fita do 50 Cent. Os camelôs não têm gosto musical, eles só sabem o que as pessoas estão procurando. Havia muitos artistas famosos naquela fita, mas 50 Cent era o marketing. Naquela época, eu tinha feito cerca de seis fitas para o DJ Clue, para o Kay Slay, DJ Absolut, Kool Kid – todo mundo que estava lançando algo e eu podia contatar. Mas, depois de falar com o camelô, decidi que lançaria uma edição de colecionador só com as minhas coisas.

Isso foi em um momento no qual eu não estava viajando muito. Não estava fazendo shows, rádio, nada disso. Estava preparado para sacrificar tudo isso e apenas lançar meus discos. Assim, quem me visse sentiria como se estivesse vendo um astro de verdade. Além disso, ainda havia muita coisa acontecendo e eu não tinha os recursos para me proteger da maneira ideal para sair em público. Naquele ponto, eu não estava envolvido em nenhuma treta do rap. A verdadeira merda com a qual eu tinha que lidar era o suficiente para mim. A treta do rap era cafona. Muitos rappers tentavam se apresentar como se fossem o John Gotti ou o Al Capone ou algum grande gângster. Tudo era: "Se você me desrespeitar, eu vou fazer isso com você". Eu ficava, tipo: "Valeu, faça isso então". Essa era a minha situação. Eu não tinha nada a perder. Então, se um rapper estava se expondo como se fosse um supergângster, era melhor que mantivesse o nome de 50 Cent fora de sua boca, porque eu teria mostrado bem rápido que ele era um mentiroso. Ou, se não fosse mentiroso, ele teria que explodir minha cabeça para me parar. Para mim, fazia mais sentido evitar confrontos cuidando da minha vida, porque nós dois estaríamos fora do jogo. Não estou dizendo que sou o mano mais gângster que já apareceu ou que estava cercado pelos manos mais gângsteres, mas não tinha nada a perder. Não havia nada que pudesse surgir em meu caminho que eu já não conhecesse.

A verdade é que não existe essa de "*gangsta rapper*", porque ninguém pode ser um *gangsta* e um *rapper* ao mesmo tempo. Um rapper pode ter negócios com um gângster, pode conhecer um gângster, mas não pode ser um gângster. Ele tem que ser um artista se quer ser um artista. Eu ainda estava tentando descobrir o que eu seria. É como se eu tivesse um microfone em uma mão e minha Ruger na outra. Queria ser um artista, mas havia complicações. Não podia fazer shows porque teria que divulgar onde eu estaria. Não podia ir às rádios porque os caras saberiam onde fica a estação e provavelmente estariam esperando do lado de fora para arrancar minha cabeça quando eu terminasse. Era melhor para todos que eu pisasse no freio: apenas diminuir a velocidade e garantir o meu. Porque, se alguém agisse como se fosse vir para cima de mim, eu não arregaria. Se um preto me dissesse que faria alguma coisa comigo e eu acreditasse nele, ele teria um problema. Eu não desrespeito abertamente as pessoas em quem acredito. Se alguém dissesse algo sobre mim e eu achasse que ele era um cara de respeito, que conseguia sustentar sua reputação, eu não responderia nada. Ele só tomaria um acelero para saber que não deveria ter dito o que disse.

Eu não tinha um plano B na indústria da música. Se aquilo não desse certo, eu voltaria para a quebrada. Não era possível dominar todos os bairros, então eu simplesmente tiraria cada dólar dos bolsos dos manos toda vez que os visse.

Essa era a minha mentalidade na época. Eu estava fazendo duas músicas por dia – o dia todo, todos os dias. Só que todas aquelas composições fariam as pessoas quererem sair e cometer um homicídio, porque refletiam meu estado de espírito depois de ter sido baleado. Eu sabia que precisava fazer músicas diferentes, que precisava ter toda a gama de emoções em minha música para ser levado a sério. Tinha que ser feliz, irritado, engraçado, tudo. Todo mundo sabia que eu tinha razão de estar com raiva, mas eu precisava soar como se não tivesse nenhuma preocupação no mundo. Eu não podia fingir que era o cara bravo o tempo todo. Não é real. No decorrer de um dia, uma pessoa sente várias emoções diferentes. Como artista, tive que mudar emocionalmente em meu trabalho para que as pessoas pudessem realmente curtir minha música à medida que também mudavam. Quando alguém está se sentindo feliz, eu preciso ter uma música feliz para ele; quando ele está chateado, eu preciso ter uma música para esse momento também. Eu não queria me reunir com nenhuma gravadora até ter as faixas que eles estavam procurando. E eu sabia o que eles procuravam: faixas para as rádios.

Fazer álbuns para tocar nas rádios foi mais difícil do que qualquer outra coisa. Não se trata apenas de ter uma batida em uma composição de R&B e três versos. Isso é bom para lançar um sucesso, mas não necessariamente inteligente para toda a sua carreira. Para que um álbum funcione nas rádios, tem que ser um reflexo de quem o artista é e como ele se sente sobre as coisas. Se eu tivesse uma excelente faixa que não correspondesse ao que sou, não me ajudaria em nada. "Wanksta", a faixa que se tornou meu primeiro hit nas rádios, não foi feita para ser um hit. Eu não entrei no estúdio e disse: "Aqui está o hit que vai para as rádios". Eu estava apenas fazendo músicas todos os dias e aquela pegou. Acho que, às vezes, as melhores ideias simplesmente caem no seu colo.

Quando inventei o nome G-Unit, eu estava assistindo a videoclipes na TV. Eu vi o Gorillaz, aquela banda de desenho animado que estava bombando na época com uma música que dizia: "I got sunshine in a bag / I'm useless, but not for long / The future is coming on".[2] Isso fez sentido para mim. Eu já estava na *vibe* dos militares por causa da disciplina, lealdade e código de honra. A partir daí, optei por "G-Unit". Eu conhecia Tony Yayo e Lloyd Banks desde moleque. Todos nós crescemos no mesmo bairro, mas não tínhamos feito rap juntos ou nada parecido. Yayo ainda estava lá fora, batalhando forte. Banks era um bebê; tinha apenas 18 anos, mas já havia feito seu nome na área com as fitas de mixagem. Eu o arranquei da varanda da casa dele, levei-o até a casa da minha avó e disse a ele que eu continuava fazendo rap e estava montando um grupo.

Quando os juntei no estúdio, eles estavam *crus*. Yayo rimava de costas para o microfone e Banks gritava por toda parte. Estavam tão acostumados a rimar na rua que tiveram que ser treinados para gravar. Sha Money não era meu empresário naquela época, mas estava me ajudando com muitas funções de um empresário. Ele me conseguiu uma matéria de cinco páginas em uma revista nacional antes que eu realmente tivesse

---

2. "Tenho a luz do sol em uma bolsa / Sou inútil, mas não por muito tempo / O futuro está chegando." (N. do T.)

qualquer música nas ruas. Isso me fez refletir, porque, quando eu estava em uma grande gravadora, só saía em matérias de uma página. Mas, agora que eu tinha todos os recursos de que precisava, não tinha um álbum para comentarem. Sabe como isso é louco?

Conheci Young Buck enquanto estávamos trabalhando nas fitas. Na época, Buck era amigo do Juvenile. O "escritório" do Juvenile era um ônibus de turismo, e ele veio para Nova York. Quando ficamos brothers, eu tinha Banks e Yayo comigo, e Juvenile tinha seu grupo, o UTP. Os rappers realmente não fazem freestyle uns com os outros. Depois de venderem alguns discos, o negócio é o dinheiro. Mas, quando me juntei ao Juvenile, todos nós começamos a fazer freestyling. Acabamos gravando algumas músicas juntos, porque na época o Juvenile tinha um estúdio em seu ônibus. Buck tocou alguns discos para mim, e saquei o estilo dele, então terminamos aquele trabalho com um acordo de que quem assinasse primeiro estenderia a mão para o outro.

Pedi ao DJ Whoo Kid para montar meu primeiro CD porque ele foi o primeiro DJ a colocar minha música em uma compilação quando ninguém mais o fez. Chamei o fotógrafo da revista para fazer uma sessão de fotos completa. Naquela época, ninguém pensava na arte dos CDs, mas eu os tratava com a mesma atenção que teria dado a álbum de verdade. Sabia da importância da embalagem. Eu não fiz "um momento Kodak" com a máquina e não a usei como se fosse uma obra de arte. Fiz uma grande sessão de fotos com cerca de cinco esquemas de cores diferentes – imaginando que renderiam cerca de cinco CDs se eu usasse um esquema de cores diferente a cada vez. E, como a qualidade ficou muito boa, mesmo quando foi pirateado parecia melhor do que a maioria das coisas nas prateleiras. Se houver dez CDs de compilação numa loja, cinco deles parecem ter sido produzidos por apenas dois dólares. Talvez haja três que pareçam decentes. Entre eles, dois vão se destacar e vender mais.

Coloquei oito músicas novas no início do CD e perto do final usei muito do material que já havia gerado uma reação. As cópias esgotaram em cerca de dois dias. A reação foi tão boa que eu não sabia quando deveria lançar outro. Três semanas depois, lancei outro, que também esgotou. A forma como as ruas responderam à minha música foi uma loucura. Você podia ouvir o som do G-Unit saindo de cada carro, de cada apartamento com a janela aberta, de cada barbearia – todo e qualquer preto ouvia a minha música. Nas ruas, pessoas que eu nunca tinha visto antes na vida gritavam: "G-G-G-G-G-Unit!" Depois disso, minhas músicas começaram a tocar nas rádios. Primeiro, eram tocadas apenas durante os programas sobre artistas que não eram famosos; depois, durante a programação diária; então, minhas músicas começaram a chegar às melhores do dia. Isso era inédito. Músicas de um CD independente na rádio? Isso não deveria acontecer.

Eu podia estar indo bem nas ruas quanto ao reconhecimento, mas não recebia muito dinheiro por gravar os CDs e ainda não tinha conseguido fazer nenhum show. Apesar da fama, meus problemas da quebrada não haviam desaparecido. No mínimo, haviam piorado, porque alguns caras gastaram um bom dinheiro para me matar, e eu não só tive a pachorra de sobreviver, como eles tinham que ouvir minha voz toda vez que saíam de casa. Sei que não gostaram disso. Mas continuei fazendo música. Era tudo o que podia fazer naquele momento.

Quando as gravadoras começaram a ligar dizendo que queriam me conhecer, eu ia da única maneira que conseguia na época: com um colete à prova de balas. Os executivos das gravadoras me olhavam como se eu fosse louco. Eu os deixava desconfortáveis, mas nem ligava. O importante era ficar vivo. Todos estavam com medo. Teve um cara que parecia que tinha cagado nas calças e uma garota da Universal que mal conseguia falar direito. Contudo, conheci um executivo legal, um gângster de verdade. Ele não parecia nem um pouco nervoso: "Belo colete. Tem um escudo defletor?" Por causa do interesse que eu estava gerando nas ruas, todos tinham contratos a me oferecer. Na verdade, uma gravadora apareceu com uma oferta financeira muito boa, mas tinha um péssimo histórico de venda de produções de hip-hop. Se eu tivesse assinado com aquela gravadora, basicamente teria trocado minhas fichas pelo dinheiro e voltado para a quebrada com minhas armas e o crack. E isso era exatamente o que eu estava tentando evitar.

CAPÍTULO 24

"NÃO POSSO USAR MEU COLETE? BEM, ENTÃO NÃO POSSO IR À REUNIÃO…"

Recebi um telefonema do meu advogado falando sobre o Eminem e o Dr. Dre em uma noite de sexta-feira. Sábado de manhã, eu estava em um voo para Los Angeles. O que é estranho é que quase perdi a reunião porque passei de colete pela inspeção de segurança do aeroporto. Quando o alarme disparou, senti como se estivesse de volta ao colégio com os tênis do flagrante. Eu meio que esperava ver pinos verdes caindo da minha bagagem de mão. Já havia embarcado em voos com meu colete antes, então sabia que, desde que removesse o escudo defletor, poderia passar sem problemas. Eu havia tirado a placa de metal da frente e passei pelo detector de metais, mas tinha esquecido de tirar a fivela do cinto. A mulher da segurança acenou para mim. Ela tocou no colete pelas minhas roupas e perguntou o que era. Respondi que era uma cinta para as costas. A mulher me olhou como se eu fosse sobrinho do Bin Laden.

Eu estava parado no canto quando um supervisor se aproximou. Mostrei a parte de trás do colete e disse que era uma cinta para as costas. Ele disse: "Tudo bem. Tire seu protetor de costas e coloque-o na sua bolsa, senhor 50 Cent". Foi uma benção que aquela pessoa me reconheceu e me deu uma colher de chá, porque eu poderia ter sido encaminhado à delegacia por causa de uma besteira e não chegaria à reunião com Dre e Eminem. Eles deviam estar pensando: "Droga, não queremos problemas, mas vamos conhecê-lo, vamos ver o que rola com esse cara". Se eu não fosse, talvez pensassem: "Uau, ele perdeu a reunião – não pôde vir porque foi pego no aeroporto com um colete à prova de balas". Isso teria resultado em uma ótima primeira impressão. Coloquei o colete na bagagem de mão e passei. Essa merda acontecia por puro hábito, porque eu sentia que não podia ir a lugar nenhum sem meu colete. Entre deixar o colete e perder a reunião, eu provavelmente estaria nas ruas agora. "O quê? Não posso usar meu colete? Bem, então não posso ir à reunião. Quando é que vocês vêm a Nova York?"

Saí do avião e fui direto para o set onde Eminem estava filmando *8 Mile – Rua das ilusões*. Foi uma experiência estranha; em todas as outras reuniões, eu estava sempre procurando alguém que pudesse ver o que eu estava tentando fazer e colocar algum dinheiro e apoio nisso. Mas com Dr. Dre e Eminem foi diferente. Eu queria impressioná-los. Antes que tivesse a chance de dizer qualquer coisa, Em tentou se vender para mim. Eu fiquei, tipo: "Eu sei quem você é. Você é o cara com o álbum mais vendido do país. Você quebra algum tipo de recorde toda vez que lança um álbum. Por que você está tentando *me* impressionar, caralho?" Dr. Dre apareceu em um Lamborghini azul, tocando um dos meus CDs muito alto. Pode até ter sido um Lamborghini cinza – nunca vi Dre dirigir o mesmo carro duas vezes. Quando saiu do carro, tudo o que disse foi: "Vocês estão prontos para fazer história juntos?" Dre estava me dizendo de quais músicas minhas ele gostava. Estava, tipo: "Eu quero essa no álbum. E quero aquela no álbum". E eu estava: "Você só pode estar de brincadeira comigo. São todas freestyle".

Mesmo antes da reunião, eu já sabia que assinaria com aqueles caras. Eu soube assim que recebi o telefonema. As preocupações que eu tinha sobre assinar com as outras gravadoras não pesaram quando pensei em assinar com esses caras. Eles sabiam como vender discos, tinham dinheiro, e o senhor "Fuck tha Police" e o senhor "I Just Don't Give a Fuck"[3] não censurariam meu material. Mas ainda demorou um pouco até chegar ao ponto em que eu pudesse confiar totalmente na opinião deles. Agora eu mudo qualquer coisa que o Dre me pede para mudar, porque sei que ele está pensando em fazer algo com a minha música que eu ainda não entendo. Com "In da Club", quando eu cantava: "My flow, my show brought me the dough, that brought me all my fancy things",[4] eu só falava as palavras. Dre comentou: "Deixe um pouco *mais leve*". Então, deixei o trecho mais cantado, como uma ponte. Eu não sabia como ficaria, mas ele sabia que estava ouvindo algo que ainda não estava na música. Levamos só uma hora para gravar, mas Dre trabalhou na música por alguns dias para aper-

---

3. "Foda-se a Polícia" e "Estou Pouco me Fodendo". (N. do T.)

4. "Meu fluxo, meu show me trouxeram a grana, que me trouxe todo o meu luxo." (N. do T.)

feiçoá-la. Aprendi que só dá para conseguir o melhor material possível dele se você confiar nele o suficiente para deixá-lo mudar alguma coisa.

Quando se trata de Eminem e Dr. Dre, tento evitar qualquer coisa que os deixe desconfortáveis enquanto fazemos negócios. Lembro exatamente de onde vim e sei quem me ajudou a chegar aonde estou agora. Eu faço quase tudo por Dre e Em. Quando me contrataram, poderiam estar comprando um grande problema. Eu poderia ter ido em outra direção, fodido tudo e feito os dois parecerem loucos. Em vez disso, continuei trabalhando e transformei minha carreira no que é agora. Eminem só pensa em vencer. Foi ele que foi até o Dre e disse: "Você está interessado em entrar nesse projeto comigo?" E Dre respondeu: "Com certeza". Eminem acreditou em mim e fez tudo acontecer. É isso. Devo muito do meu sucesso ao Eminem, independentemente de como as pessoas se sentem ou reagem quanto a isso. Ele fez tudo acontecer.

Eu conversava mais com Eminem do que com Dre. Acho que Dre pode levar mais tempo para confiar nas pessoas. Eu sei que também sou assim, então demoro um pouco para criar um vínculo com alguém. Além disso, ele é um homem maduro, casado e com filhos. Não fica empolgado com a mesma merda que me anima. Ele faz música *sobre* isso, mas, neste ponto da vida, não *faz* isso. Já Eminem ficava animado com tudo. Era como se comigo ele estivesse vivenciando as mesmas coisas de sua vida quando começou. O cara falava, tipo: "Eu sei que você nunca vai esquecer a primeira vez que for ao Japão! Ei, quer ir para o Japão? Vamos para o Japão! Vamos para o Reino Unido!" Então fomos para o Japão, fomos para o Reino Unido, Amsterdã, Alemanha, Paris, Suíça, todos aqueles lugares diferentes. Eu olhava para tudo: "Ei, estamos em um estádio de futebol, tem 70 mil filhos da puta lá fora, e estamos fazendo nosso show". O Japão foi a primeira vez que vi a música quebrar a barreira do idioma. As pessoas cantavam minhas músicas nas baladas, palavra por palavra. E, quando a música parava, não conseguia falar com elas porque falavam outra língua. Isso é louco.

Eu nem tinha lançado um álbum e já estava viajando pelo mundo. As pessoas não sabiam inglês, mas conheciam a letra das músicas das minhas compilações. Foi quando eu realmente soube que estava no caminho certo. Ser aceito no meu bairro era uma coisa, mas, quando comecei a cruzar as barreiras culturais apenas por ser eu mesmo, todas as provações e tribulações pareceram ter valido a pena.

CAPÍTULO 25

"VAI SER UMA LOUCURA QUANDO VOCÊ FOR LANÇADO. VAI FICAR TODO MUNDO EM CIMA DE VOCÊ DESSA VEZ…"

Eu estava indo para o estúdio em Long Island quando soube que Jam Master Jay havia sido assassinado. Um amigo em comum me ligou e contou: "Jay acabou de ser morto". Eu fiquei, tipo: "O quê? Tem certeza?" Ele respondeu: "Claro que tenho. Estou bem aqui no local". Eu fiquei pensando: "Esse cara disse que Jay foi morto. Que porra que aconteceu?". Eu não conseguia assimilar como aquilo era possível. Quer dizer, por quê? Ele não era muito famoso nem nada. Se você ficasse sabendo que isso aconteceu com 50 Cent, daria para acreditar, considerando meu passado. Mas é isso. É o carma. O que ocorreu com Jay foi chocante pela forma como aconteceu. Foi estranho porque nós tínhamos conversado dois dias antes de ele ser morto. O cara estava falando sobre algumas oportunidades que ele tinha de trabalhar com filmes. Estava animado enquanto me contava: "Ei, escuta só, vai ser uma loucura quando você for lançado. Vai ficar todo mundo em cima de você dessa vez". Tudo o que ele disse que aconteceria comigo em relação ao meu álbum aconteceu — mas as pessoas ficaram em cima de mim por causa da morte dele, não por causa do meu álbum. Foi quando a merda toda com a mídia realmente começou.

O mais doido de tudo era que eu deveria ter ido encontrá-lo – não pessoalmente, mas Sha Money iria no meu lugar – para pegar um roteiro cerca de uma hora antes de Jay ser atingido. Sha nunca compareceu à reunião para pegar o roteiro porque não haviam entrado em um acordo. Ele estava ligando para me dizer o que estava acontecendo; no meio da ligação, recebi uma chamada na outra linha: "Jay levou um tiro". Eu fiquei, tipo: "Ah, não. Você tá tirando comigo".

Naquela noite, fui para o estúdio e dediquei uma música para Jay. Eu me apresentaria no centro da cidade depois. Faria o show em memória dele, mas a polícia fechou o clube. Tentaram fazer parecer que eu não fiz o show porque não queria sair, mas foram eles que fecharam tudo.

Disseram que me prenderiam se eu saísse na calçada. Eles achavam que quem atirou em Jam Master Jay também estava atrás de mim. De acordo com a teoria deles, alguém matou Jay para mandar um recado ao 50. Na cabeça deles, era algo como: "Se 50 vier ao show, algo definitivamente vai acontecer. Esses caras não ligam, porque 50 vai vir de qualquer maneira, mas ele vai trazer um monte de gente armada para cá e vamos ter que lidar com uma situação terrível neste clube. Então, vamos controlar toda a situação agora, dizendo que não vai ter show".

Eles me relacionaram àquele problema porque o lugar onde Jay foi morto ficava a três minutos de onde eu fui baleado. Antes de Jay, eu havia sido a última pessoa no mundo da música a levar um tiro. A polícia sabia sobre a minha ficha e sobre os tiroteios que ocorreram – os manos diziam por aí que eram meus soldadinhos. Minha popularidade havia crescido para além da merda das ruas. Os pretos do bairro andavam por aí dizendo "G-Unit", embora não tivessem nenhuma associação com a música ou comigo. Eles simplesmente moravam no meu bairro e queriam dizer isso porque também era o bairro deles. Então, quando algo acontecia, diziam que o G-Unit chegou metendo bala nas festas. E a polícia ficava sabendo. Se a notícia corre na rua, pode ter certeza de que está sendo comentada na delegacia. E, quando você disser "50 Cent" naquela delegacia, os policiais responderão: "Ele não é um anjo. Não é o pior cara que já vimos, mas não é um anjo. Sabemos de quem você está falando, e ele não dá ponto sem nó".

Quando você tem um cadáver e não tem nenhuma resposta, você começa a olhar ao redor. A razão pela qual esse corpo existe geralmente tem a ver com amigos ou inimigos. Primeiro, examinam uma lista de inimigos. Um cara como Jam Master Jay não tinha uma aura ruim ao seu redor, então não tinha um monte de inimigos. Mas, quando começam a analisar seus amigos, eles acham o 50 Cent e falam: "Ah, você acha que alguém faria algo com Jam Master Jay para mandar um recado ao 50 Cent?" Essa foi uma ideia que eles tiveram no início da investigação – uma suposição inicial. Então, quando não apareceram com uma resposta e a imprensa estava em cima deles, tiveram que inventar alguma merda: "Acreditamos que isso tenha algo a ver com 50 Cent". Eles não estavam relatando que tinham alguma pista, porque a única pista era que não tinham nenhuma pista. Mas, em vez de dizer isso, disseram: "Estamos investigando as ligações do crime com o 50 Cent". Apareci no noticiário das 11h e fiquei, tipo: "Hein? Eu só soube dessa merda três horas atrás". Então, a imprensa começou a falar "50 Cent, 50 Cent, 50 Cent" em todo lugar, me ligando a essa merda. Eu ainda não fazia ideia de que porra eles estavam falando.

Cancelaram meu show porque sentiram que traria problemas. Disseram que o tipo de pessoa que mataria Jay para me dar um recado poderia ter saído para me matar naquela noite. Um policial me contou: "Soubemos por fontes seguras que querem a sua cabeça". Mas ele não me disse que haviam prendido alguém. Eu só sabia que estavam lá para falar comigo e obter informações. Se você está me dizendo que "fontes seguras" afirmam que querem a minha cabeça, então a sua próxima frase deveria ser: "E já pegamos o cara". Mas, se você me disser isso e ficar olhando para a minha cara para ver o que vou responder, vou ficar, tipo: "Com licença, preciso ir. Eu sei por que você está aqui, porra". Pensei: "Você está me dizendo que pessoas que não gostam de mim ou que não querem me ver fazendo sucesso podem querer a minha cabeça? Como se eu já não soubesse disso". De qualquer forma, não me interessa. Não era nada com que eu já não estivesse lidando.

Eu fico desconfortável perto de policiais. Nunca é bom encontrar com eles. Normalmente, quando estão por perto, é para levar a mim ou alguém que eu considero para a cadeia. O Departamento de Polícia não está lá para controlar a situação. Eles estão lá para limpar a bagunça. Depois que alguém morre, querem descobrir quem atirou no morto. Eles nunca querem obter informações antes que algo aconteça, para impedir que aconteça. Isso só acontece na TV.

CAPÍTULO 26

"SE HÁ UMA COISA QUE NÃO É LEGAL SER NAS RUAS É UM X-9…"

Eu estava em Barcelona com o Eminem e o G-Unit quando o Murder Inc. começou uma campanha de marketing para o álbum do Ja Rule. Eles enlouqueceram em uma entrevista na rádio e falaram coisas do tipo: "O 50 tem uma ordem de restrição contra nós". Como se eu precisasse de proteção contra Irv Gotti e Ja Rule. Eles estavam tentando parecer durões porque se autodenominam "The Murderers", os assassinos. Eu não gosto muito de ter que lidar com as brigas de merda que acontecem no mundo da música. Para mim essa porra é novidade, e ainda estou aprendendo um jeito melhor de lidar com tudo isso. Estou acostumado a enfrentar problemas mostrando respeito, da maneira como resolvemos na quebrada. Quando algo está pegando, eu simplesmente apareço para resolver com os caras. Quando o primeiro tiro é dado na quebrada, o segundo tiro pode ser dado de volta no mesmo lugar. Agora, quando o primeiro tiro é dado publicamente, fica feio devolvê-lo. E esses filhos da puta usam o meu trauma a seu favor e colocam na conta deles, como se tivessem algo a ver com qualquer coisa que aconteceu comigo, mesmo quando eles não estavam envolvidos: "Sim, a gente fez isso". Agora eles são do FBI, com essa ideia de "a gente". E nem foram eles. Esses caras não são uma ameaça para ninguém. Podem até andar com quem realmente pode fazer alguma coisa, mas isso é tudo o que eles podem fazer.

Eu os ignorava porque são irrelevantes. As pessoas falam sobre essa treta "antiga" quando na verdade eu fiz algumas músicas sobre eles cinco anos atrás e depois os ignorei. Os caras espalharam esses boatos muito antes de eu ter um contrato para lançar meu álbum. Tudo começou quando sentiram minha fama em Nova York. Foi uma tentativa de evitar que eu ganhasse dinheiro nas ruas, mesmo que eu ainda não fosse famoso. Eu não estava ganhando nenhum dinheiro com a música quando eles começaram a espalhar essa merda, então é como se estivessem tentando matar meu plano B. Se há uma coisa que não é legal ser nas ruas é um

X-9. Você condena um mano à morte quando o chama assim. Acho que o fato de eu ter vindo das ruas somado às minhas letras é o que fez os caras me chamarem de X-9. Pensaram que minha carreira musical não decolaria, então tentaram acabar com minha rota de fuga. Não atacaram minha carreira musical porque acharam que não daria em nada – eu estava de volta à quebrada por conta dela. Então, quando me chamaram de X-9 da quebrada, os manos do bairro começaram a me olhar de um jeito diferente. Todos que me deviam dinheiro começaram a agir como se não quisessem pagar, o que complicou minha situação na rua.

Assim que assinei com Em e Dre, eles ficaram desesperados e começaram a falar nas rádios. Quando fizeram isso, eu fiquei, tipo: "Quer saber? Estou cansado dessa merda". Voamos direto de Barcelona para Detroit e piramos no estúdio. Fizemos cerca de 16 freestyles e seis músicas em uma noite. Para cada batida que Em tocava, a gente tinha algo. Ele olhava para nós como se não fôssemos humanos. Foi algo como: "É isso. Ninguém pode controlar a gente. Vamos matar os caras de raiva e dar o recado de que não vamos recuar diante de ninguém. Se é assim que vocês querem que seja, é assim que vai ser".

Foi aí que meus discos começaram a chegar nas ruas. Escolhi fazer dessa forma, porque sabia que a música duraria mais do que a besteira que falavam no rádio. Uma entrevista de rádio acontece enquanto você está falando, mas, quando você sai, ela acaba. A música que eu faço vai tocar para sempre.

Eu deixo os caras para lá porque são irrelevantes. Não são capazes de machucar ninguém. São uns covardes, e para os covardes tudo se resume a quem anda com eles. Um gângster sempre estará do lado de um pessoal mais fraco, que precisa dele para ter força. Isso porque a maioria dos gângsteres não desenvolveu seus talentos. Em vez disso, eles usam o medo para se aproveitar de pessoas que têm talento. O fator medo permite que um artista fraco conviva com gângsteres, faz com que as histórias que ele coloca em um disco soem reais. Se a história de gângster de alguém for uma mentira, ele tentará fazer com que pareça real ficando ao lado de alguém que possa ter vivido essas experiências. Mas isso não significa que você é um dos gângsteres. Isso só significa que você está sendo extorquido por gângsteres.

CAPÍTULO 27

"TODA VEZ QUE EU SAÍA NO JORNAL, ERA POR CAUSA DE ALGUMA MERDA QUE NÃO TINHA NADA A VER COM A MINHA MÚSICA…"

Na véspera de Ano-Novo de 2003, eu iria me apresentar na boate Copacabana, em Manhattan. Estávamos estacionados na rua quando os policiais pararam do nosso lado e nos disseram que tínhamos que sair com o carro. Assim que dobramos a esquina, ouvimos sirenes: "UÓIN! UÓIN! UÓIN!" Policiais por todos os lados. Disseram que viram uma arma no carro, mas não sei como viram uma arma através de uma janela com o insulfilme tão escuro. Eles só "encontraram" algo depois de "revistarem" o veículo. Claro, tentaram fazer parecer que eram minhas. Infelizmente para eles, essas não eram minhas armas. Não dessa vez. Checaram a gente no sistema e, como Yayo tinha mandados anteriores, não pôde sair sob fiança. Ele tinha umas acusações de porte ilegal de arma há muito tempo. Quando eu estava prestes a estourar no mundo da música, eu disse para ele: "Você pode meter o pé do G-Unit agora, mas se sair não volta mais". Ele tinha fé que eu estouraria e queria me ajudar a terminar de lançar o disco antes de se entregar. O cara continuou fugindo até ser pego.

Antes de sermos presos, eu tinha estacionado meu Hummer na Rua 54. Quando fui liberado na manhã seguinte, imaginei que o carro devia ter sido guinchado, porque eu havia parado em uma vaga rotativa. Rumei para o pátio do departamento de trânsito, mas o carro havia desaparecido. Que porra fizeram com meu carro? O responsável pelo pátio ligou para a delegacia, e os policiais disseram que o carro estava em outro local. Como o carro foi movido? Por quê? O que eles estavam tentando fazer? Me poupar de levar uma multa de estacionamento porque gostam tanto de mim assim? A única maneira de movê-lo seria se a polícia tivesse entrado no carro e tirado ele dali. Pegaram minhas chaves quando fui preso, então foi muito fácil fazerem o que queriam enquanto eu estava detido. Tive a impressão de que plantaram algo lá. Sei que gostariam de ouvir o que geralmente conversamos quando achamos que não há gravadores por perto. Dei aquele carro para a mãe do meu filho e nunca mais entrei nele.

Esse incidente me levou de volta aos jornais: "Rapper 50 Cent preso com armas". Toda vez que eu saía no jornal, era por causa de alguma merda que não tinha nada a ver com a minha música. Publicaram minha foto no jornal ao lado de alguns famosos pesos-pesados do jogo das drogas do Queens. Isso deixou uma impressão negativa nas pessoas, já que as coisas que a imprensa dizia sobre mim nunca eram positivas. E, como as letras das minhas músicas refletem o ambiente de onde venho, tudo se juntou na mente das pessoas: "50 Cent é um problema". Vou ser sincero, adorei a publicidade gratuita. Mas polêmica não vende discos – apenas chama atenção. Depois de receber atenção, tive que garantir que a música corresponderia ao *hype*, porque, afinal, nada vende mais discos do que uma música bem feita.

O sistema das grandes gravadoras para vender discos é lançar um single e esperar. Se realmente acreditam no artista, fazem cartazes com fotos lindas do cara e publicam alguns anúncios em revistas. Então, soltam outro single, lançando o álbum com o segundo single. O problema é que o consumidor ainda não conhece o artista e não tem certeza se o álbum é bom. Alguém poderia até comprar o álbum por gostar dos dois primeiros singles, mas é uma aposta – principalmente se somente mais uma música for boa. Acho que as pessoas estão cansadas de serem enganadas por 16 dólares.

Só que eu tinha gerado tanto interesse no circuito de mixagem que as pessoas sabiam o que esperar do meu álbum quando ele foi lançado. Eu havia tratado o circuito da mixagem como um experimento químico – pude ver a reação dos consumidores: com o que ficaram entusiasmados e para o que eles não ligaram. Tive que estudar para saber escolher quais músicas lançar. Devo ter ouvido umas 40 mil batidas para montar meu álbum. Ouvi muitos produtores desconhecidos. Posso ter colocado as mãos em cerca de 500 ou 600 CDs, se não mais, e todos tinham cerca de 30 ou 40 batidas neles. Eu os examinava para encontrar as batidas que eram interessantes para mim. Não importava quem tivesse produzido o álbum. Acho que os CDs de batida deveriam vir em branco, sem nenhum nome, para que as pessoas escolhessem uma batida porque é a batida certa, não porque *um certo produtor* a fez. Muitas vezes, os artistas ficam cegos por quem fez a batida: porque o Neptunes fez, é um sucesso, ou Timbaland, ou Dre, ou quem quer que seja. Eu acho que a consistência que Dr. Dre, os Neptunes e Timbaland tiveram em lançar sucessos fez com que os artistas escolhessem batidas que talvez não fossem as certas para eles. Pode até ser uma música de sucesso, mas não será o *seu* sucesso, não será a música certa naquele momento.

Quando eu me sento para ouvir as batidas, mesmo com o Dre, há algumas que têm o meu nome escrito nelas. Só depois que fizemos uma ou duas músicas é que ele entrou em sintonia com o que eu gostava e soube o que tocar para mim. Quando entrou no estúdio e se sentiu confortável trabalhando comigo, criou uma coisa especialmente *para* mim. Depois de me ouvir rimar, ele tinha coisas específicas em sua cabeça que sabia que eu iria querer. Fizemos uma música para o meu álbum, "Heat". Essa batida estava tocando na mente de Dre fazia um tempo. Estava solta e eles não sabiam exatamente o que fazer para deixá-la perfeita. E, então, ele me deu, e fizemos a música em cerca de uma hora.

Minha determinação em lançar um álbum cheio de singles incríveis, meu ouvido aguçado para o que está tocando nas ruas e minha experiência com as compilações valeram a pena. Meu álbum *Get Rich or Die Tryin'* foi baixado mais de 300 mil vezes ilegalmente antes de ser colocado à venda. Estava ficando tão pirata que tivemos que adiar a data de lançamento. Mas veja só: ainda assim vendeu 872 mil cópias na primeira semana, e nem foi uma semana inteira. Na segunda semana, quando as vendas de um álbum geralmente caem 35 por cento (de acordo com a *Billboard*), o *Get Rich* vendeu 822 mil cópias. Os números não mostravam quase nenhuma queda. Muitos executivos e parte do público não conseguiam entender como um novo artista podia ter chegado ao disco de platina em apenas duas semanas. O pensamento deles era, "Ah, por favor. Ninguém conhece o cara. Como ele pode estar vendendo tantos discos?" Meus fãs mais assíduos e meus parceiros sabiam a resposta. *Get Rich* representava muito mais do que um número em um gráfico; representava a minha luta e a determinação para superar toda a negatividade, todos os bloqueios no caminho. Tive muita dificuldade em colocar meu produto nas ruas, mas foi por todas essas crises que incuti nele minha personalidade, minha alma, tudo de mim – e acho que as pessoas perceberam. Foi a isso que elas responderam. Com o *Get Rich*, eu realmente me lancei para o grande público. E acho que ficou evidente que *Get Rich or Die Tryin'* não era apenas o título de um álbum; era a minha missão.

EPÍLOGO

Sou realmente abençoado. E faço questão de lembrar todos os dias que, se estou me dando muito bem agora, é porque me dei muito mal e por muito tempo lá atrás. Eu não me considero um modelo exemplar, porque acho que um modelo deve falar algo positivo o tempo todo. Esse não sou eu. No entanto, minha história tem que ser uma inspiração para as pessoas que estão lá embaixo, que têm as mesmas condições de vida que eu tive. Sou a prova de que o sucesso é possível. Elas podem olhar para mim e dizer: "Eu sei que *eu* posso fazer *isso*, porque *ele* fez *aquilo*".

Estou curtindo meu novo status de pop star também. Acho que é porque sou popular, e isso me torna um pop star. É ótimo. Todo artista quer isso, não importa de qual forma. Os pop stars se divertem e recebem todos os patrocínios. Meu álbum provavelmente é o mais difícil de vender no circuito pop. Se você diz que sou popular, isso não significa que sou igual ao 'NSYNC. Significa apenas que as pessoas abraçam *a minha música*. E esse é o objetivo: fazer com que as pessoas abracem a música. Só há um toque diferente porque sou um gângster e ponho isso nos meus álbuns. Quando me vejo na capa de uma revista que diz algo do tipo: "Por que ele é seu gângster favorito?" ou "O homem caçado" ou alguma outra idiotice, eu engulo essa merda. Acho que é mais interessante do que o lixo comum.

Mesmo com tudo que dizem sobre mim, não me sinto mais perseguido do que já me sentia. Todo mundo tem algum desafeto. Eu também tenho alguns. Atualmente, tudo se resume ao que faz ou não faz sentido para mim. Eu realmente não me importo com quem não gosta de mim ou por qual motivo. Não desperdiço energia com essa merda. Eu tenho que cuidar do meu. Isso pode soar egoísta, mas é real. Não vou ser o idiota que chegou na minha posição e depois pulou da janela porque não conseguiu encaixar as peças do quebra-cabeça. Não quero ser do mesmo jeito que era na rua. Mas às vezes é tudo o que quero fazer. Velhos hábitos são difíceis de esquecer. Só porque você muda o ambiente de um homem, não significa que você muda o homem. Os bons tempos podem atrapalhá-lo tanto quanto os tempos ruins, se você for pego lá fora.

No meu caso, tudo de bom que poderia acontecer comigo aconteceu de uma vez. Aqui estou eu, o mesmo cara do bairro Jamaica, no Queens, de alguns anos atrás, só que agora todo mundo me conhece e eu tenho todo esse dinheiro. *Get Rich or Die Tryin'* vendeu 11 milhões de cópias em todo o mundo. Fechei um contrato com a Reebok para lançar o tênis G-Unit, a linha de roupas G-Unit está prestes a estourar, uma bebida esportiva chamada Formula 50 e um projeto de filme estão em desenvolvimento. É bem doido. Tenho os meios para fazer quase tudo o que sempre quis e algumas coisas com as quais nunca sonhei. É muito bom, mas também é perigoso. Eu entendo por que tantos caras simplesmente enlouquecem e se perdem, porque *nada* está fora dos limites para você. A falta de disciplina é uma situação muito perigosa.

É exatamente por isso que estou tentando retribuir. No fundo, sei que não se trata apenas do 50 – não importa o que os fãs ou os executivos digam. Fãs não são exigentes. Mudam a sua lealdade como eu troco de roupa. E executivos… esses mesmos executivos nem mesmo tentavam me ouvir naquela época. Praticamente apenas Eminem e Dre mostraram alguma consideração por mim. Quanto aos outros idiotas, sei que o dia em que eu deixar de ser bom será o dia em que me derrubarão. Então, estou tentando fazer minha parte enquanto ainda tenho o que fazer. É por isso que criei a Fundação G-Unity. Meu coração está bem ali. Todo o propósito da instituição é dar apoio financeiro a grupos que estão fazendo algo para a comunidade. A maioria das organizações sem fins lucrativos na quebrada geralmente não recebe o dinheiro de que precisa para causar algum impacto, porque ninguém está olhando para elas. A Fundação G-Unity quer mudar isso. Queremos ter certeza de que levaremos dinheiro para as pessoas que mais precisam, aquelas que realmente estão trabalhando, aquelas que realmente vão usá-lo para ajudar a comunidade.

EPÍLOGO

Ser capaz de ajudar as pessoas da quebrada é apenas uma das coisas boas de ter uma porrada de dinheiro. Mas, como eu disse antes, ainda sou praticamente a mesma pessoa que era antes do sucesso. Acho que ninguém leva isso em consideração, exceto a polícia. É por isso que eles me seguem aonde quer que eu vá e observam tudo o que faço. Definitivamente têm sua própria ideia de quem eu sou. Eles pensam: "Agora que ele tem dinheiro, pode fazer qualquer coisa. E também há pessoas que o odeiam e não têm nada a perder". As pessoas que não gostam de mim não têm nada a perder, então podem agir como idiotas. Para mim, isso significa mais veículos à prova de balas, coletes à prova de balas, segurança mais rígida e merdas assim, porque um cara pode decidir dar um tiro só para aumentar sua reputação. Mesmo que ele não acerte ninguém, sua reputação cresce na quebrada. Dizer que você atirou no 50 é ótimo. Seu status sobe para caralho. É absurdo. Mas é a realidade.

E é mais provável que aconteça no bairro onde você mora do que em qualquer outro lugar. Seu lar é o último lugar onde você recebe amor. Percebo isso agora. Você não pode demonstrar amor por um cara com quem você cresceu que eles já vem com: "Ah, agora esse cara pensa que é fodão porque faz rap. Eu me lembro de quando ele não tinha isso ou de quando ele não tinha aquilo e ele não era assim". Tudo o que antigos brothers podem fazer é se lembrar do passado. E essas memórias são suficientes para que eles tentem forçar você a recuar um passo ou dois – ou te derrubar. Essa é uma das razões pelas quais estou feliz por estar fora da quebrada. As pessoas me perguntam o tempo todo se sinto saudades do local onde cresci. Porra, não. Estou feliz por ter ido embora. Passei 26 anos tentando sair daquela merda. Me deixe passar alguns anos em outro lugar.

Odeio me apresentar em Nova York agora. Como eu disse, os policiais me seguem aonde quer que eu vá. Uma vez, quando voltava de uma gravação do *Saturday Night Live*, havia duas viaturas cheias de policiais. *Cheias*, como se eles não tivessem espaço em outra viatura. Eles nos seguiam por todos os lugares que íamos. Eu fiquei, tipo: "Ei cara, me leve para o hotel. Me tire daqui. Agora!" Por quê? Porque um tempo atrás, quando esses manos andavam atrás de mim, e eles me seguiram da rádio até o Sony Studios onde eu estava fazendo uma coisa com o DMX, ao sairmos do estúdio para ir para o Copacabana, fomos parar na cadeia.

O que posso dizer? Não escolho minhas lutas contra a lei ou contra qualquer outra pessoa. Eu simplesmente acabo nelas. Em alguns casos, você não vai dar uma de: "Bem, vou ao clube esta noite para arrumar uma briga". Nada disso. Só acontece. Se soubesse que aconteceria, você ficaria com o rabo em casa só para evitar o confronto, porque hoje em dia, se você entrar em uma briga, meio que torce para perder. Afinal, se você ganhar, nove em dez vezes terá que se preocupar com o cara que vai voltar para te arrancar a cabeça. Sim, é uma loucura quando eu volto para casa. O único momento em que fico feliz de ir para Nova York é quando ninguém sabe onde estarei. Então posso me divertir sem todo esse drama. Mesmo que eu não goste de anunciar que vou à Nova York, nunca me esqueço exatamente de onde vim e quem me ajudou a chegar aonde estou agora.

Acabei de entrar no jogo do rap e não quero transformar minhas bênçãos em algo negativo que não poderei superar. Eu acredito em um poder superior. Eu acredito no certo e no errado. Eu acredito em Deus. Eu acredito que tudo sobre a Igreja é positivo, mas nem todo mundo que vai à igreja tem o espírito bom. Se eu estivesse na igreja e dissesse as coisas que digo nos meus raps, não seria legal estar lá. As chances de Yolanda Adams fazer uma música com o 50 Cent são muito pequenas. Mesmo que o conteúdo das letras desse disco fosse bom, o que seria dito antes e depois disso nos meus outros discos? Minha visão da igreja é uma coisa positiva. Acho que é um lugar aonde você vai para se lembrar da sua moral e realinhar sua forma de viver. Então, você terá de segunda a sábado para colocar isso em prática, até chegar o próximo domingo, onde poderá restabelecê-la em sua cabeça novamente. É a mesma coisa quando você está na rua. Muitas vezes, você assiste aos mesmos filmes repetidamente para se lembrar do seu código de honra. Vê *Scarface*, vê *Cassino*, vê muitos filmes de gângster na quebrada. Acho que isso nos inspira a estourar uma cabeça ou a apertar o gatilho quando chegar a hora. Você se condiciona a essa merda pelo que vê e escuta nos filmes. Mesmo que ninguém fale a respeito, é um processo de lavagem cerebral.

Mas nem todo mundo entende. Muitos rappers vão ficar na sua frente e te contar algumas merdas que eles sabem muito bem que não vivenciaram. Eles vão ficar na sua frente e cuspir as rimas que quiserem, mas não sabem do que estão falando. No meu caso, 90 por cento do que falo nos raps é real, e só floreio em uns dez por cento. Eu expando as coisas só porque essa é a parte criativa da música. Mas você pode checar o histórico sobre o que eu digo e verá que a maioria das merdas que eu canto tem fundamento. Posso mudar o nome, o lugar ou alguns pequenos detalhes, mas as pessoas que conhecem a verdade podem dizer: "Esta parte se encaixa, mas não sabemos exatamente de quem ele está falando agora porque o 50 não nos contou sobre isso". Eu uso a merda real.

Eu não teria nada sobre o que escrever se não usasse minhas próprias experiências. Você seria injusto se me dissesse para fazer rimas sem usar o que vivi, para não colocar na música nenhuma parte de mim ou qualquer coisa que vivenciei. Se eu não escrever sobre o que está acontecendo comigo ou sobre o que está acontecendo na quebrada, não tenho nada a dizer. O dia em que o 50 não puder ser real é o dia em que direi: "Obrigado por todo o seu apoio, foi um prazer". E acabou.

Quando os artistas ficam mimados, é quando começam a escorregar. Começam a acreditar no próprio *hype*. Chegam a um ponto em que pensam que não deveriam ter que se apresentar mais. Esse não sou eu. A meu ver, as pessoas normais vão para o trabalho todos os dias das 9h às 5h, carregando caixas, fazendo trabalhos manuais, pegando dois turnos, e você está me dizendo que tudo o que tenho que fazer é subir no palco por 45 minutos? Ah, não fode. Não vou ser esse filho da puta. Eu preciso estar no palco todas as noites. É um luxo estar neste negócio. Eu estou em uma cidade diferente a cada noite. Entrei em turnê três meses antes do lançamento do meu primeiro álbum e estou sendo pago por isso. Quando vejo o quanto me pagam agora e comparo com o que estava ganhando parado na esquina, pelas horas que trabalhava, não tem nem comparação. O que você quer dizer com:

"Eu preciso descansar"? Não. Eu não preciso descansar. Vou descansar entre os shows, entre as turnês e entre as gravações dos videoclipes. Sabe por quê? Na esquina, eu não precisava descansar. Algumas vezes, eu nem parava para trocar de roupa de tanto que ralava. Houve momentos em que eu dormi na rua enquanto estava no corre. Eu estava lá fora, no banco da praça, como todo mundo. É verão, está quente, não fui para casa ontem à noite. Não desisti do meu antigo negócio e também não vou desistir do meu novo.

Pergunte a qualquer traficante e todos dirão a mesma coisa: "Se houver dinheiro para ganhar, então sou eu que vou ganhar". Essa é a atitude de quem está no corre: "Eles vão comprar de alguém, então que seja de mim. Eu posso muito bem fornecer aquilo que as pessoas querem". E "aquilo" pode ser qualquer coisa. Às vezes, é droga. Mas pode ser música, roupas, bebidas, carros e até hambúrgueres. As pessoas pensam que a mentalidade de quem está no corre se limita ao gueto, aos cafetões e outros traficantes. Mas não é verdade. Este país foi fundado com a mentalidade de alguém que fazia o corre. Todos os grandes nomes do passado começaram oferecendo alguma coisa. E, até onde sei, o negócio deles nem sempre foi legal também. Hoje, a lista de gente fazendo o corre que conheço pessoalmente é enorme no cenário musical. Jay-Z e Master P eram reais no jogo nas ruas. Diddy pode não ter se exposto, mas, quando você lê sobre seus primeiros dias na gravadora Uptown, sob o comando de Andre Harrell, fica claro que ele dava duro. Todos esses manos simplesmente pegaram seu suado trabalho e o transformaram em algo grande. Eles podem transformar praticamente tudo o que fazem em um sucesso, porque nunca perdem a gana. Para eles, o suficiente nunca é suficiente, é apenas o começo.

O que é interessante para mim é que vejo no Master P a mesma coisa que vejo no Jay-Z, que vejo no Diddy, e que sei que está em mim. Todos eles continuam no corre. Tipo: "Foda-se, me pague". Essa merda ainda está aí, ninguém está tentando esconder. E, se o que você tiver a dizer não for sobre isso, na opinião deles você não está dizendo nada. Eu respeito essa posição.

Por outro lado, algumas pessoas fazem música por hobby, mas é mais do que isso para mim. Para mim, a música é tudo. É minha oportunidade de sair da quebrada, de dar uma vida melhor para meu filho, de fazer tudo o que sempre quis. E estou me dedicando inteiramente a esse plano. Você não vai conseguir atingir seus objetivos por acidente. É como pensar que vai ganhar na loteria, mas não se lembrar de comprar um bilhete. Tenho que lidar com esse cenário da mesma forma que lidava com a quebrada. É uma pena, mas tenho que internalizar as coisas de uma forma negativa para entendê-las. Vejo as coisas com a mentalidade da rua porque é disso que eu entendo. É só assim que sei fazer as coisas. Todas as outras merdas, ainda estou aprendendo. Nunca tive um emprego na vida. E, mesmo que minha carreira musical não tivesse decolado, acho que nunca teria tido um emprego, porque trabalhar das 9h às 5h é uma armadilha. Se eu não pudesse ter algo em que investir e fazer outras coisas, como ser um empresário, teria morrido na prisão fazendo o que fiz. Mas agora cheguei até aqui e estou feliz. Como digo nas minhas rimas: "Se eu morrer hoje, fico feliz em como minha vida acabou". Fui do lixo ao luxo de inúmeras formas.

A questão é a seguinte: todo o dinheiro, todo o sucesso – nada disso vai me manter vivo por mais tempo do que deveria. A UTI não verá mais o 50 Cent. Poderão me ver em qualquer outro lugar. A meu ver, até um mano como eu não está aqui por acaso. Como disse antes, acredito em Deus. Não sobrevivi a nove tiros à toa. Não trilhei meu caminho para longe da quebrada só porque era algo que deveria ser feito. Eu sei que tenho um propósito – uma razão para estar neste planeta. Acho que ainda não fiz tudo o que deveria. Mas de uma coisa tenho certeza: não vou a lugar nenhum antes de ter feito tudo.

AGRADECIMENTOS

**"VOCÊ TEM QUE JOGAR PENSANDO
NO AMANHÃ, MESMO QUE O
AMANHÃ NUNCA CHEGUE."**

Obrigado àqueles que escolheram jogar com o G-Unit...
MTV Books e Pocket Books
Interscope Management
Violator Management
Reebok
"Formula 50" Vitamin Water
Jacob & Co.
Paramount Pictures
Vivendi Games
e incontáveis outros que fazem acontecer.